Französisch einfach und spielerisch lernen – das 2 in 1 Buch für Anfänger mit Kurzgeschichten

SPRACHFÜHRER FÜR DEN ALLTAG & DEN URLAUB. LERNE GRAMMATIK & WORTSCHATZ INKLUSIVE ÜBUNGEN & 12 KURZGESCHICHTEN

LEO BABEL

Bildnachweise

Bild Frankreich: ontheworldmap.com

Icon Tasche mit Lebensmitteln: Icons made by Smashicons from www.flaticon.com

Icons Teller und Besteck, Flugzeug, Bus, Fahrrad, Reisende mit Koffer, Treppe nach oben, Sonnenschirm und Sonne, Hotel, Thank-You-Icon, Gespräch, Briefumschlag, Einkaufswagen, Kalender, Audio-CD, Glühbirne, Zelt, Bowling, Fußball, Gitarre, Skyline, Spielkarten, Flughafen, Uhr, Buch, Zug, Thermometer, Taxi, Pizza, Auto, Bier, Fastnachtsmaske, Anker, Kaffeetasse, Kekse und Wanderer: Icons made by Freepik from www.flaticon.com

Icons Thank-You-Icon, Fastnachtsmaske, Stier: Icons made by Freepik from www.flaticon.com

Icon Kalender und Zahl: Agenda Vectors by Vecteezy

Lektorat
Aránzazu Gil Casadomet

Französisch einfach und spielerisch lernen – das 2 in 1 Buch für Anfänger mit Kurzgeschichten
1. Auflage: Mai 2022

ISBN: 978-3-949762-15-4

Impressum

Leo Babel wird vertreten durch:

Juan Valentín Cortés Fábregas
Adolf-Kolping-Straße 15b
55116 Mainz, Deutschland

Inhaltsverzeichnis

Geschenk für dich

Als Dankeschön dafür, dass du dieses Buch gekauft hast, habe ich hier ein Geschenk für dich bereitgestellt. Es handelt sich um unser Buch „20 lebensverändernde Gewohnheiten".

Dieses E-Book ist der perfekte Begleiter zu deinem Buch. Dort wirst du zahlreiche Tipps finden, mit denen du neue Gewohnheiten entwickeln kannst, sowohl in deinem Alltag als auch beim Sprachenlernen. Diese werden dir bestimmt helfen, dein Leben zu optimieren.

Schon gespannt? Dann gehe ich auf diesen Link und lade deine Kopie herunter!

https://pld-publishing.de/geschenk/

Einleitung

Gratuliere! Du hast eine tolle Entscheidung getroffen. Mithilfe dieses Buches kannst du mit Spaß und ohne großen Aufwand Französisch lernen oder auffrischen.

Ich hoffe, dass ich dich dutzen darf. Zweck dieses Buches ist es, Französisch auf entspannte und lustige Weise zu lehren. Der Stil ist eher lässig, daher finde ich es mit „du“ angemessen. Hoffentlich ist es in Ordnung.

Und was ist dein Ziel?

Du planst deine nächste Reise nach Paris oder eine Partyreise nach Saint Tropez und würdest dich freuen, wenn du dein großes Bier am Strand auf Französisch bestellen könntest?

Du willst beruflich in einem frankophonen Konzern aufsteigen oder bei der Europäischen Union (*l'Union Européenne*) arbeiten?

Vielleicht hast du einen Franzosen/eine Französin kennen gelernt und du willst ihn/sie in seiner/ihrer Muttersprache, der Sprache der Liebe, überraschen?

Und du willst alles leicht und auf unterhaltsame Art und Weise lernen, ohne dicke und langweilige Fachbücher durchblättern zu müssen?

So oder so, egal aus welchem Grund, bist du hier bei mir genau richtig! Ich bin ein Sprachenliebhaber mit der Berufung, Fremdsprachen zu lernen und anderen zu lehren. Deshalb habe ich mich dazu entschlossen, Sprachbücher für Deutschsprecher zu veröffentlichen. An diesem Projekt habe ich leidenschaftlich gearbeitet und hoffe, dass du davon profitierst, indem du möglichst viel lernst.

Du überlegst dir möglicherweise, warum ich qualifiziert bin? Ich habe hervorragende Kenntnisse in fünf Fremdsprachen, und habe andere Sprachen auch gelernt und kann mich ausdrücken. Deswegen sei überzeugt, dass du in guten Händen bist.

Mein Zweck ist, dass das Erlernen schnell und leicht erfolgt, deswegen deckt dieses Buch schlicht und ergreifend das Wesentliche ab, damit du nach nur 2 Wochen schon gute Kenntnisse hast. Anhand 12 Kurzgeschichten *(histoires)* kannst du nachher diese neu erworbenen Sprachkenntnisse nicht nur in die Tat umsetzen, sondern auch neues Vokabular und grammatikalische Strukturen lernen.

Der Inhalt dieses Buches ist in 10 verschiedenen Stufen aufgebaut. Die erste Stufe stellt die Grundlagen dar, eine Einführung in die französischsprachigen Länder und was du zuerst wissen musst. In den Stufen 2 bis 8 werden verschiedene Kontexte beschrieben, zum Beispiel, wenn du am Flughafen ankommst, wenn du Essen bestellen möchtest, im Kaufhaus, u.a. Die Stufe 9 fokussiert sich auf die Merkmale vom Französischen in der Schweiz, Belgien und Kanada und die Stufe 10 geht noch einen Schritt weiter. So kannst du umgangssprachliche Redewendungen lernen, um fast wie ein Inländer zu klingen.

Auf den Stufen 1 bis 10 sind Vokabular und die üblichsten Sätze zu jeder Kategorie zu finden sowie Übungen und Spiele, damit du deine neuen Kenntnisse testest. Die Lösungen zu den Übungen findest du am Ende des Buches.

Meine vorgeschlagene Aufteilung des Buches in 14 Tagen für die ersten 10 Stufen ist wie folgt (du kannst aber gerne je nach deinem Rhythmus steuern):

Tag 1: Stufe 1 – Fakten - Erster Text auf Französisch

Tag 2: Stufe 1 – Aussprache bis Grammatik: „Verb avoir"

Tag 3: Stufe 1 – Grammatik: „Le passé composé" bis Verneinung

Tag 4: Stufe 1 – Wortschatz

Tag 5: Stufe 2

Tag 6: Stufe 3

Tag 7: Stufe 4

Tag 8: Stufe 5

Tag 9: Stufe 6

Tag 10: Stufe 7

Tag 11: Stufe 8

Tag 12: Stufe 9

Tag 13: Stufe 10

Tag 14: Alles wiederholen!

Auf den Stufen 11 bis 15 findest du 12 Kurzgeschichten über diverse nationale oder lokale Feste einiger französischsprachigen Länder (Frankreich, Belgien, Schweiz und Kanada). Diese sind repräsentativ für deren Kultur und du kannst mehr davon erfahren sowie deine Französischkenntnisse erweitern. Egal welches Niveau du hast - hier findest du passende Geschichten mit einer Schwierigkeit von 1 (leicht) bis 5 (schwer).

Jede *„histoire"* ist natürlich auf Deutsch übersetzt und enthält am Ende auch eine Vokabelliste mit den wichtigsten Vokabeln. Die *„histoires"* auf Französisch und deren Übersetzung auf Deutsch sind für ein angenehmeres Lesen seitenweise verflochten.

Ich freue mich auf deinen Lernerfolg und wünsche dir viel Spaß beim Lesen! Los geht´s oder, wie man auf gut Französisch sagt – *„On y va!"*

Dein Leo Babel

Stufe 1
Grundlagen

Logischerweise muss man erst mit den Grundlagen anfangen. Einige Fakten über Frankreich und andere französischsprachige Länder kommen auch gelegen. Dann kann man auf den weiteren Stufen aufbauen. Idealerweise arbeitest du an dieser Stufe vor deiner Reise.

Die Fakten

Französisch ist eine der meistgesprochenen Sprachen der Welt und wird auf allen 5 Kontinenten gesprochen (Ja, selbst in Asien!). *2018 hatten etwa 90 Millionen Menschen Französisch als Muttersprache, eine Mehrheit in Frankreich, und 235 Millionen Menschen sprechen Französisch*.

Französisch ist eine romanische Sprache (durch Evolution aus Volkslatein entstanden) und ist mit anderen romanischen Sprachen wie Italienisch, Spanisch oder Rumänisch verwandt. Alle diese Sprachen haben gewisse Ähnlichkeiten in Vokabular oder Grammatik, was das Erlernen dieser Sprachen erleichtert, wenn du die Zusammenhänge nachvollziehst. Wenn du also schon zum Beispiel Spanisch sprechen und verstehen kannst, wird es dir leichter fallen, Französisch zu lernen.

Französisch ist die offizielle Amtssprache in 29 Ländern weltweit:

Französisch in Europa

LAND	KO-AMTSSPRACHEN
Frankreich	*(einzige Amtssprache)*
Monaco	*(einzige Amtssprache)*
Belgien	Niederländisch, **Deutsch**
Schweiz	**Deutsch**, Italienisch, Rätoromanisch
Luxemburg	Luxemburgisch, **Deutsch**

Französisch außerhalb Europas
(als Amtssprache)

KONTINENT	LÄNDER
Afrika	Benin, Burkina Faso, Burundi, Kamerun, Chad, Komoren, Elfenbeinküste, Republik Kongo, Demokratische Republik

	Kongo, Djibouti, Guinea, Madagaskar, Mali, Niger, Ruanda, Senegal, Togo, Seychellen, Réunion[1], Gabun, Mauritius
Ozeanien	Vanuatu, Neukaledonien[1], Französisch-Polynesien[1]
Amerika	Haiti, Kanada, Guadeloupe[1], Martinique[1], Französisch-Guayana[1]

In anderen Ländern wie Algerien, Marokko oder Syrien wird Französisch gesprochen, jedoch nicht als offizielle Sprache.

Außerdem ist Französisch die offizielle Sprache bei renommierten Organisationen wie zum Beispiel dem IOK (zuständig für die Olympischen Spiele), dem Roten Kreuz oder der UNO.

In diesem Buch lege ich den Fokus auf die größten französischsprachigen Länder Europas und auf Kanada.

Frankreich

Frankreich befindet sich in Westeuropa. Aufgrund seiner kolonialen Vergangenheit erstreckt sich Frankreich sogar über den Pazifischen und Indischen Ozean: Martinique, Guadeloupe, Neukaledonien, Insel Réunion...

Die Hauptstadt Frankreichs ist Paris. Andere wichtige Städte sind Marseille (wichtigster Hafen Frankreichs), Lyon (eine der wichtigsten industriellen Städte Frankreichs), Strasbourg (Hauptsitz des europäischen Parlaments) oder Le Havre (größter Hafen Frankreichs am Atlantischen Ozean).

Frankreich ist das beliebteste Reiseziel weltweit mit ca. 90 Millionen Touristen jährlich.

Mit seiner Vielfalt an Angeboten trifft Frankreich jeden Geschmack, egal ob kulinarisch (Frankreich ist ein echtes Paradies für Käse-, Flammkuchen- oder Weingenießer), historisch (Paris ist besonders monumental) oder spielerisch (Vergnügungsparks, Musikfestivals, Sportevents...).

Zu den bekanntesten Städten/Gebieten und deren Sehenswürdigkeiten und Besonderheiten zählen z.B.:

[1] Diese sind Überseegebiete Frankreichs

Paris	Eiffelturm
	Notre-Dame
	Eurodisney
	Louvre-Museum
	Montmartre - Sacré-Cœur
Île-de-France	Château de Versailles
Pays de la Loire	Châteaux de la Loire *(Schlösser der Loire)*
Lyon	Gastronomie
	Fête des Lumières
Lourdes	Grotte de Massabielle
Toulouse	Basilique Saint-Sernin
	Place du Capitole
Nice	Carnaval de Nice
	Promenade des Anglais
	Musée Chagall

La Rochelle	Vieux Port
	Ile de Ré
Lille	Grand Place
	Vieille-Bourse
	Musée des Beaux-Arts
	Braderie de Lille
Marseille	Vieux-Port
	Notre-Dame-de-la-Garde
	Stade Vélodrome
	la Corniche
	Parc national des Calanques
Strasbourg	Cathédrale
	Petite France
	Marché de Noël
	Route des Vins
Bordeaux	Port de la Lune
	Musée des Beaux-Arts
	Musée d'Aquitaine

Frankreich ist einer der Gründerstaaten der Europäischen Union und die Währung ist seit 2001 der Euro. Ein interessantes Faktum Frankreichs ist, dass die Franzosen besonders das Schlafen lieben.

Feiertage und Volksfeste in Frankreich

Zu den gesetzlichen Feiertagen (*jours fériés*) gehören Neujahr (*jour de l'an*), der 1. Mai (*fête du travail*), der 8. Mai und 11. November (Sieg vom Zweiten Weltkrieg und den Waffenstillstand beim Ersten Weltkrieg). Dazu kommen die wichtigsten katholischen Feste wie Ostermontag, Christi-Himmelfahrt, Pfingstmontag, Maria-Himmelfahrt, Allerheiligen und Weihnachten.

Einige der Feste sind nur in Frankreich bekannt. Folgende sind auf jeden Fall sehenswert:

Fête des Rois *oder* **Épiphanie** *(Heilige Drei Könige)*

Wann: 6. Januar bzw. 1. Sonntag nach Neujahr

Wo: in ganz Frankreich

Beschreibung:	Das biblische Datum ist der 6. Januar, aber da dieser Tag kein Feiertag ist, wird die Epiphanie am ersten Sonntag nach dem 1. Januar gefeiert. An dem Sonntag wird ein besonderer Kuchen („Galette des Rois") gegessen, in dessen Mitte eine „fève" (Saubohne) versteckt wird. Wenn die „fève" in deinem Stück Kuchen versteckt ist, wirst du zum König oder zur Königin gekrönt.

Mardi gras

Wann:	Fastnachtsdienstag (47 Tage vor Ostern)
Wo:	in ganz Frankreich (insbesondere in Dunkerque)
Beschreibung:	Die verkleideten Kinder gehen durch die Stadt und fragen Nachbarn nach Eiern, Mehl und Zucker, um „crêpes" (Pfannkuchen, Palatschinken) zu backen. In Dunkerque fängt das Fest am Sonntag zuvor an. Diese 3 Tage werden „les 3 joyeuses" (die 3 Fröhlichen) genannt.

Fête de la musique

Wann:	21. Juni
Wo:	in ganz Frankreich
Beschreibung:	Auf verschiedenen Gratiskonzerten werden alle Arten von Musik gespielt (klassische Musik, Rock...).

Fête nationale *(Nationalfeiertag)*

Wann:	14. Juli
Wo:	in ganz Frankreich (Höhepunkt in Paris)
Beschreibung:	Gedenktag an den Sturm auf die Bastille (das bekannteste Staatsgefängnis) am 14. Juli 1789 und symbolisch für den Anfang der französischen Revolution. An diesem Tag gibt es eine große militärische Parade auf den Champs Elysées. Abends kann man überall in Frankreich Feuerwerke beobachten.

Journées du patrimoine

Wann:	3. Wochenende im September
Wo:	in ganz Frankreich
Beschreibung:	An diesem Wochenende kann man Parks oder Museen kostenlos besuchen, die den Rest des Jahres kostenpflichtig sind.

Beaujolais Nouveau

Wann:	3. Donnerstag im November
Wo:	in ganz Frankreich
Beschreibung:	An dem Tag feiert man die Ankunft des 1. AOC Wein des Jahres (im Deutschen Kürzel für „kontrollierte Ursprungsbezeichnung"). Es ist zwar kein besonders teurer Wein, aber es bietet sich dadurch die Gelegenheit, sich mit Freunden zu treffen und zu feiern.

Belgien

Belgien ist ein Königreich (*Royaume de Belgique*) und liegt in Westeuropa. Das Land hat drei offizielle Sprachen: Niederländisch, Französisch und Deutsch (Minderheitssprache). Brüssel ist die Hauptstadt und der Sitz der belgischen Königsfamilie.

Seit dem 19. Jahrhundert sind der flämische (Niederländisch) und der wallonische (Französisch) Teil in Konflikt, was ein Problem für die Politik des Landes bedeutet.

Viele bekannte Comics kommen aus Belgien, wie zum Beispiel die Schlümpfe, Spirou, Lucky Luke oder Tim und Struppi.

Wichtige Städte sind Antwerpen, Gent, Namur, Brügge, Lüttich und Charleroi.

Zu den bekanntesten Städten/Gebieten und deren Sehenswürdigkeiten und Besonderheiten zählen z.B.:

Brüssel	Grote Markt
	Manneken Pis
	Atomium
	Königlicher Palast
	MIMA
	Comics Art Museum
Brügge	Belfried
	Belgische Schokolade
Antwerpen	Hafen
	Rubenshaus
Gent	Burg Gravensteen
	St.-Bavo-Kathedrale

Feiertage und Volksfeste in Belgien

Im Königreich Belgien sind Neujahr sowie die wichtigsten christlichen Festtage wie Ostermontag, Christi-Himmelfahrt, Pfingstmontag, Maria-Himmelfahrt, Allerheiligen und Weihnachten Feiertage.

Fête nationale belge

Wann:	21. Juli
Wo:	in ganz Belgien
Beschreibung:	Der Nationalfeiertag ist mit dem König verbunden. Die Belgier feiern die Vereidigung vom damaligen ersten König am 21. Juli 1831 und die Geburtsstunde der parlamentarischen Monarchie. An dem Tag gibt es auch einige Te Deum (christliche Hymne), wo die königliche Familie anwesend ist, eine militärische Parade, Feuerwerke, einen Tanzabend mit Laternen...

Fête de l'iris

Wann:	8. Mai (es dauert 2 bis 3 Tage)
Wo:	Brüssel
Beschreibung:	Für die Bevölkerung werden kostenlose Konzerte, diverse Aktivitäten, Food Truck Festivals usw. angeboten.

Fête de Wallonie

Wann:	3. Wochenende im September (Donnerstag bis Montag)
Wo:	Namur und in ganz Wallonien
Beschreibung:	Auf dem Programm stehen nicht nur Jahrmarktsattraktionen und traditionelle Stelzenkämpfe, sondern auch wallonische gastronomische Produkte wie Avisance (frisches Schweinefleisch und Metzgerwurst) oder die Verkostung des Pekets.

Schweiz

Die Schweiz oder Schweizerische Eidgenossenschaft befindet sich in Zentraleuropa. Sie ist in 26 Kantone unterteilt und hat 4 offizielle Sprachen: Französisch, Deutsch, Italienisch und Rätoromanisch. Aber dafür hat sie keine offizielle Hauptstadt! Bern ist nur die de facto Hauptstadt.

Andere wichtige Städte sind zum Beispiel Zürich, Basel, Lugano, Genf oder Lausanne.

Hier ein paar Sehenswürdigkeiten:

Kanton Wallis	Matterhorn
bei Schaffhausen	Rheinfall
Luzern	Vierwaldstättersee
	historische Holzbrücke
	Kapellbrücke
Kanton Graubünden	Viamala Schlucht
Gadmertal	Triftbrücke
Basel	Mittlere Brücke
	Spalentor
Zürich	Grossmünster
	Züricher Zoos
	Bürkliplatz
	Limmatquai

Feiertage und Volksfeste in der Schweiz

Da die Eidgenossenschaft in 26 Kantonen aufgeteilt ist, gibt es in den verschiedenen Gliedstaaten (*Cantons*) unterschiedliche Feiertage.

Christi-Himmelfahrt, Pfingsten, Maria-Himmelfahrt und den Bundesfeiertag feiert man aber in allen Kantonen.

Fête nationale

Wann: 1. August

Wo: in der ganzen Schweiz

Beschreibung: Der Bundesfeiertag findet symbolisch am 1. August statt, um an die erste Gründung der Eidgenossenschaft zwischen den ersten 3 Kantonen zu gedenken (August 1291). In jeder Kommune finden ein Lagerfeuer, ein Umzug mit Laternen und ab und zu ein Feuerwerk statt.

Saint-Nicolas

Wann: 1. Wochenende im Dezember

Wo: besonders im Kanton Freiburg

Beschreibung: Der Umzug fängt pünktlich um 17 Uhr an. Sankt Niklaus sitzt auf einem Esel begleitet von Butzemännern und verteilt Süßigkeiten an die Kinder. Am Ende des Umzugs spricht Sankt Niklaus vom Balkon des Doms auf Französisch und auf Deutsch.
Neben dem Umzug ist ein handwerklicher Markt zu finden.

Carnaval de Bâle (Basler Fasnacht)

Wann: Montag nach Aschermittwoch um 4 Uhr früh

Wo: Basel

Beschreibung: Wird auch *„die drey scheenschte Dääg"* (im Hochdeutschen „die drei schönsten Tage") genannt.
Nur die „aktiven" Mitmacher dürfen sich verkleiden. Bei den „passiven" ist es nicht gerne gesehen, sich mit lustigen Kostümen zu verkleiden.
Die aktiven Fasnächtler tragen eine Maske (Larve) und sind nicht zu erkennen.

Bonhomme Hiver (Sechseläuten)

Wann: 3. Montag im April

Wo: Zürich

Beschreibung: Um 18 Uhr wird der Böögg (Holzfigur eines Schneemanns mit Knallkörpern im Kopf) verbrannt. Der Böögg stellt den Winter dar. Er ist jemand, der die Kinder während der Fasnacht erschreckt. Sein Kopf ist voll mit Feuerböllern. Der Böögg wird dann auf einem Scheiterhaufen verbrannt. Die Zeit vom Beginn der Verbrennung bis zur Explosion der Feuerwerke prophezeit, wie der Sommer sein wird. Je schneller, desto wärmer wird der Sommer.

Kanada

Kanada liegt in Nordamerika und ist in zwei Sprachräume geteilt: Englisch und Französisch. Die Hauptstadt ist Ottawa aber die bevölkerungsreichste Stadt ist Toronto.

Der Bundesstaat Kanada bildet eine Konföderation. Von daher fallen die Feiertage in jeder Provinz verschieden aus; so auch in Quebec und Ontario, die zwei größten französischsprachigen Provinzen.

Nach Russland ist Kanada in Bezug auf die Fläche das größte Land der Welt.

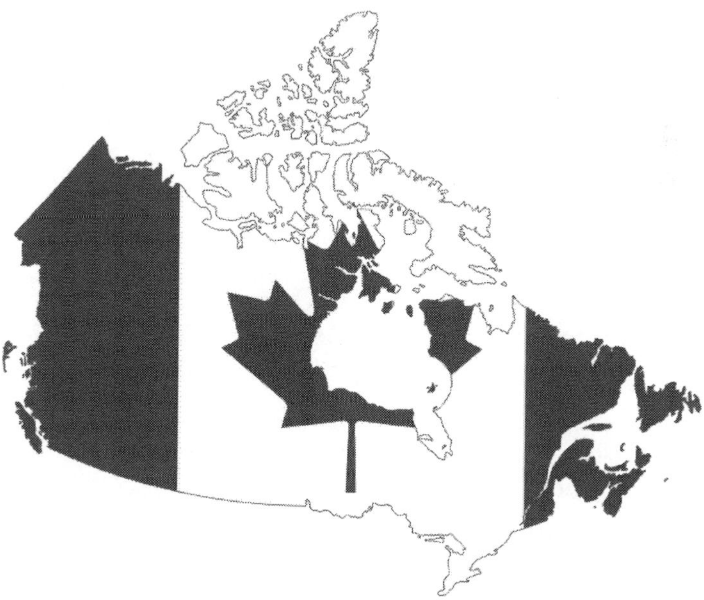

Zu den bekanntesten Städten/Gebieten und deren Sehenswürdigkeiten und Besonderheiten zählen z.B.:

an der Grenze zwischen dem amerikanischen Bundesstaat New York und der kanadischen Provinz Ontario	Niagarafälle + Ausflugsboot Maid of the Mist
Südwesten der kanadischen Provinz British Columbia	Vancouver Island
Provinz Alberta	Banff Nationalpark
Alberta	Athabasca-Gletscher
Toronto	CN-Tower (Canadian National Tower)
Im äußersten Mündungsgebiet des Sankt-Lorenz-Stroms	Insel Neufundland
zwischen Alberta und Manitoba	Provinz Saskatchewan
Vancouver	Stanley Park
Montréal	Basilika Notre-Dame
Südosten von Alberta	Kanadische Badlands

Feiertage und Volksfeste in Kanada

Der Nationalfeiertag Quebecs (fête nationale du Quebec) ist der 24. Juni. Der Kanadische Nationalfeiertag findet statt am 1. Juli und der Arbeitsfeiertag am 6 September statt.

Sonst feiert man die üblichen wichtigsten christlichen Feiertage wie Ostern, Weihnachten und den Waffenstillstand vom ersten Weltkrieg am 11. November.

Eine Besonderheit: Überall im Kanada gedenkt man jedes Jahr am Montag vor dem 25. Mai der Königin Victoria. Am gleichen Tag feiert man im Quebec den Nationaltag der Patrioten und die Aufstände von 1837 gegen die Kolonialmacht England.

Jour de la marmotte *(Murmeltiertag)*

Wann:	2. Februar
Wo:	in ganz Kanada
Beschreibung:	Wenn das Murmeltier aus seinem Bau heraus geht und seinen Schatten nicht sieht, ist der Winter bald zu Ende. Wenn es seinen Schatten sieht und Angst hat, geht es schnell wieder rein und der Winter wird 6 Wochen länger dauern.

Fête nationale *(Kanadischer Nationalfeiertag)*

Wann:	1. Juli
Wo:	in ganz Kanada
Beschreibung:	An diesem Datum feiert man die Gründung Kanadas im Jahre 1867. Es finden im ganzen Land Feuerwerke, Paraden und Shows statt.

Thanksgiving *(Erntedankfest)*

Wann:	2. Montag im Oktober
Wo:	in ganz Kanada
Beschreibung:	Es ist ein offizieller Feiertag und wird als langes Wochenende benutzt, an dem ein großes Essen mit Freuden und Familie stattfindet. Traditionell werden Truthahn, Süßkartoffeln und Kürbiskuchen gegessen.

Dein erster Text auf Französisch

Leseübungen sind wesentlich, damit man eine neue Sprache lernt. Deshalb findest du einen Text auf Französisch an erster Stelle, bevor wir überhaupt mit der Aussprache oder Grammatik anfangen. Es ist vollkommen in Ordnung, wenn du nichts oder sehr wenig verstehst. Die Hauptsache ist, den Text durchzulesen und die ersten fremden Begriffe zu verarbeiten. Es ist natürlich vorteilhaft, wenn du andere romanische Sprachen wie Italienisch oder Spanisch kennst.

Nachdem du fertig bist mit den 10 Stufen, kannst du gerne wieder diesen Text lesen und du wirst bestimmt feststellen, dass sich dein Leseverständnis erweitert hat:

« Ce matin, le réveil de Pierre sonne à cinq heures du matin. Il est encore très fatigué et a beaucoup de mal à se lever. Mais il doit aller à l'aéroport. Il part en vacances en Suisse. Il prend sa valise et descend les escaliers. En bas de son immeuble, son taxi attend déjà. Il salue le chauffeur et met son bagage dans le coffre du taxi.

Après 15 minutes, Pierre arrive à l'aéroport. Il se dirige vers le guichet pour s'enregistrer puis vers le poste de sécurité. Une fois dans la salle d'attente, il achète le journal. Comme Pierre n'a pas pris son petit déjeuner avant de partir et qu'il a faim, il commande un croissant et un café au bistro de l'aéroport. C'est enfin l'heure d'entrer dans l'avion. Il met son sac à dos dans l'espace bagage à main situé au-dessus de sa tête et s'assoit enfin dans son siège. Il attache sa ceinture pendant que l'hôtesse de l'air présente les consignes de sécurité. Puis l'avion décolle. »

Aussprache

2

Die französische Aussprache ist sicherlich eine der größten Schwierigkeiten dieser Sprache. *L'écouter (*das Hörverstehen) erfordert viel Übung, wenn man das Gegenüber ohne Aufwand verstehen will. Aber keine Sorge, hier gebe ich Tipps, damit du dich schnell einarbeiten kannst.

Alphabet

Beginnen wir mit dem Alphabet und den Buchstaben. Die Aussprache wird in IPA (Internationales Phonetisches Alphabet: vereinheitlichtes Lautschriftsystem) angegeben. Wenn du dich mit IPA nicht auskennst, findest du zusätzlich die Aussprache auf Deutsch.

Buchstabe (groß)	**Buchstabe (klein)**	**Aussprache IPA**	**Aussprache Deutsch**	**Beispiel**
A	a	/a/	*wie auf DE*	ami
B	b	/be/	*wie auf DE*	bébé
C	c	/se/	Cédric	célèbre
D	d	/de/	*wie auf DE*	dormir
E	e	/ə/	ö	le
F	f	/ɛf/	*wie auf DE*	fée
G	g	/ʒe/	Gelatine	galop
H	h	/aʃ/	asch	hôtel
I	i	/i/	*wie auf DE*	igloo
J	j	/ʒi/	Gillette	jupe
K	k	/ka/	*wie auf DE*	koala
L	l	/ɛl/	*wie auf DE*	livre
M	m	/ɛm/	*wie auf DE*	maman
N	n	/ɛn/	*wie auf DE*	nuage
O	o	/o/	*wie auf DE*	objet
P	p	/pe/	*wie auf DE*	papa
Q	q	/ky/	kü	qualité
R	r	/ɛʁ/	*wie auf DE*	radis
S	s	/ɛs/	*wie auf DE*	serpent
T	t	/te/	*wie auf DE*	tirer
U	u	/y/	ü	uniforme
V	v	/ve/	wie „W“	vélo
W	w	/dubləve/	dublW	wagon
X	x	/iks/	*wie auf DE*	xérographie

Y	y	/igʁɛk/	i grek	yaourt
Z	z	/zɛd/	säd	zéro

Vokale

a e i o u y

Weder ä noch ö existieren im Französischen. Es gibt aber **ë**, **ï**, **ü**. Diese folgen einem Vokal und geben an, dass die 2 Vokale getrennt ausgesprochen werden und nicht als Diphthong.

Die französischen Vokale werden in bestimmten Fällen mit Akzent geschrieben. Es gibt 3 Akzente:

L'accent aigu (´)	nur über *e*	**é**
L'accent grave (`)	über *a*, *e* oder *u*	**à, è, ù**
L'accent circonflexe (^)	über allen Vokalen möglich	**â, ê, î, ô, û**

Konsonanten

Der Rest der Buchstaben, und zwar: **b c d f g h j k l m n p q r s t v w x z**

Ausspracheregeln

Aussprache IPA	**Schrift**	**Beispiele**
/a/	a, à, â, em(+m), en(+n)	femme, solennel
/i/	i, y, ï, î, ee	type, maïs
/u/	ou, où, oû, aou, aoû, oo	août, doux
/y/	u, û, eu	j'ai *eu*, sûr
/e/	é, e, er, ez, et, ë, œ, æ	pied
/ɛ/[2]	è, e, ë, ê, et, est, ei, ai, aî, ey	terre, Noël
/ɔ/	o, u(+m), oo	album, homme
/o/	o, au, eau, ô	bateau, côté
/œ/	eu, œu, ue, ai, u, on	œuvre
/ø/	eu, œu	nœud, lieu

[2] ɛ wie in ‚der Cous**in**'

/ɛ̃/	un, in, en, im(+b,p), ain, ein, yn, ym, aim, um	pain, faim, plein
/ã/[3]	an, en, am(+b,p), em(+m,b,p) aon, aen	paon, encore, embrasser
/õ/[4]	on, om(+b,p)	nombre
/j/	i, y, ï, il, ill	travail
/wa/	ou, oi, oî, w(+a)	roi
/wɛ/	oin, ouin, (ooin)	coin
/ɥi/	u(+i)	oui
/g/	g, gu, c, gg	second, légume
/k/	c, qu, k, cc, cqu, ch, ck	technique
/z/	s (*zwischen 2 Vokalen*), z, x, zz	rose, douze
/s/	s, ss, c (*gefolgt von e,i,y*), ç, t (+i), sc, x	natation, dix, garçon
/ʒ/	J, g (+e,i,y), ge	manger
/ʃ/	ch, sch, sh	manche
/v/	v, w	wagon, vache
/f/	f, ph	photo
/ks/	x, cc (+e,i), xc (+e,i)	excès, accent
/gz/	x	exit

Wann spricht man den letzten Buchstaben aus und wann nicht?

Die Betonung der französischen Wörter liegt <u>immer</u> am Wortende.

Die Endkonsonanten werden NICHT ausgesprochen, außer F L R M N C (Buchstaben, die in dem Wort "filarmónica" vorkommen). Die Buchstaben F L R M N C werden am Ende eines Wortes ausgesprochen. Diese ist allerdings eine grobe Regel. Es gibt Ausnahmen.

BEISPIELE:

cerf /sɛʁ/ (*das F wird nicht ausgesprochen*)
ail /aj/ (*das L wird nicht ausgesprochen*)

Der Endkonsonant "R" wird nicht ausgesprochen (außer bei einsilbigen Wörtern).

BEISPIEL:

fer /fɛʁ/

---

[3] ã wie in ‚die Br**an**che'
[4] õ wie in ‚der B**onbon**'

Bei Vokalen ist es viel einfacher! Im Französischen werden die Endvokale ausgesprochen, mit Ausnahme des Buchstaben E.

E ist am Ende eines Wortes IMMER stumm. Im Französischen muss man aber zwischen **E** und **É** unterscheiden. Am Ende eines Wortes ist E (ohne Akzent) IMMER stumm. Allerdings wird É IMMER ausgesprochen.

Man muss also aufpassen, ob der Buchstabe einen Akzent hat oder nicht:

BEISPIELE:

mère /mɛʁ/
école /ekɔl/
mang**é** /mɑ̃ʒe/
étude /etyd/
étudi**é** /etydje/

Grammatik

Artikel

Die unbestimmten Artikel (articles indéfinis)

	Singular[5] (*sg*)	Plural (*pl*)
Maskulin (*m*)	**un**	**des**
Feminin (*f*)	**une**	

Die bestimmten Artikel (articles définis)

	singulier	pluriel
masculin	**le, l'** [6]	**les**
féminin	**la, l'**	

Articles définis + Préposition « à »[7]	Articles définis + Préposition « de »
à + le = **au**	de + le = **du**
à + les = **aux**	de + les = **des**

[5] Die Genera sind maskulin oder feminin, das Neutrum existiert nicht.
[6] Wenn gefolgt von Vokal oder stimmlosem ‚h'
[7] Auf Französisch sind die Spitzzeichen (*Guillemets*) üblicher als die Anführungszeichen

BEISPIELE:

le livre	**un** pantalon
la jupe	**une** assiette
les fleurs	**des** DVDs
l'histoire	**l'**équipe
au milieu	**du** français
aux États-Unis	**des** jeux

Subjektpronomen

je	ich
tu	du
il	er
elle	sie
on	wir
nous	wir
vous	ihr / Sie
ils	sie *(m pl)*
elles	sie *(f pl)*

BEISPIELE:

Il arrive cet après-midi.	Er kommt heute Nachmittag an.
Nous sommes partis au cinéma.	Wir sind ins Kino gegangen.
Je mange une pizza.	Ich esse eine Pizza.

Was ist der Unterschied zwischen „on" und „nous"?
(*Différence entre « on » et « nous » ?*)

„*Nous*" bezieht sich auf eine Gruppe von Menschen, zu der man selbst gehört.

„*On*" hat 2 Funktionen:
- Indefinite und vage Pronomen („man").
- Er vertritt „uns" in der Umgangssprache (=wir).

„*On*" wird <u>immer</u> in der dritten Person Singular konjugiert.

BEISPIELE:

On va dormir.	Wir gehen schlafen.
On frappe à la porte.	Jemand/man klopft an die Tür.

Possessivpronomen bzw. possessive Adjektive

Die possessiven Adjektive *(adjectifs possessifs)* platziert man vor Substantiven, um anzugeben, dass man etwas besitzt (*mein* Buch – ich besitze ein Buch). Die Pronomen ersetzen sowohl possessives Adjektiv als auch Substantiv (*meins*).

Wichtig zu erklären ist, dass die Auswahl des richtigen Adjektivs/Pronomens nicht vom Besitzer abhängt (ob Mann oder Frau), sondern vom Genus des nachfolgenden Substantivs.

BEISPIEL:

son livre sein/ihr Buch[8]

Pronom personnel	Adjectifs possessifs singulier		Adjectifs possessifs pluriel
	m	*f*	
je	**mon**[9] (livre)	**ma** (jupe)	**mes** (pieds / fleurs)
tu	**ton**	**ta**	**tes**
il/elle	**son**	**sa**	**ses**
on/nous	**notre**		**nos**
vous	**votre**		**vos**
ils/elles	**leur**		**leurs**

Pronoms possessifs singulier	Pronoms possessifs pluriel
le mien / la mienne	**les miens / les miennes**
le tien / la tienne	**les tiens / les tiennes**
le sein / la sienne	**les siens / les siennes**
le nôtre / la nôtre	**les nôtres**

[8] Unabhängig davon, ob das Buch einem Mann oder einer Frau gehört
[9] Auch vor femininen Substantiven oder solche die mit stimmlosen ‚h' beginnen, ansonsten ‚ma' (Bsp.: *ma mère*: meine Mutter).

le vôtre / la vôtre	**les vôtres**
le leur / la leur	**les leurs**

Fragepronomen

Quoi ?, Que ?	Was?
Qui ?	Wer?
Quand ?	Wann?
Combien ?	Wie viel?
Pourquoi ?	Warum/Weshalb?
Où ?	Wo?
Comment ?	Wie?
Quel / Quelle / Quels /Quelles ?	Welche(r/e/n/s)?

Vorsicht mit „qui"!

BEISPIELE:

Qu'est-ce **qui** ne marche pas? WAS funktioniert nicht?

Qu'est-ce **qui** ne va pas? WAS ist los?

Zeitformen

In diesem Buch werden die Verben in diesen 5 Zeitformen konjugiert:

✓ ***PRÄSENS***
Handlung in der Gegenwart

Je m'**appelle** Leo. Ich **heiße** Leo.

✓ ***PERFEKT***
Handlung vor kurzem oder gerade beendet

Aujourd-hui, tu **as travaillé.** Heute **hast** du **gearbeitet**.

✓ ***IMPERFEKT***
Wiederkehrende Handlung, die in der Vergangenheit erfolgte

Il **jouait** au football chaque semaine. Er spielte Fußball jede Woche.

✓ ***Futur***
Handlung erfolgt in der Zukunft

Demain, je **mangerai** du fromage. Morgen **werde** ich Käse **essen**.

Verb „être"

Dieses entspricht dem Verb „sein". Mit bestimmten Verben (wie auf Deutsch) wird es für die Bildung des Perfekts benutzt.

Présent (Präsens)

	Être	DEU
je	**suis**	ich bin
tu	**es**	du bist
il / elle / on	**est**	er/sie/es ist
nous	**sommes**	wir sind
vous	**êtes**	ihr seid / Sie sind
ils / elles	**sont**	sie sind

Passé composé (Perfekt)

	Être	DEU
j' [10]	**ai été**	ich bin gewesen
tu	**as été**	du bist gewesen
il / elle / on	**a été**	er/sie/es ist gewesen
nous	**avons été**	wir sind gewesen
vous	**avez été**	ihr seid / Sie sind gewesen
ils / elles	**ont été**	sie sind gewesen

Imparfait (Imperfekt)

	Être	DEU
j'	**étais**	ich war

[10] „je" abgekürzt, weil ein Vokal folgt

tu	**étais**	du warst
il / elle / on	**était**	er/sie/es war
nous	**étions**	wir waren
vous	**étiez**	ihr wart / Sie waren
ils / elles	**étaient**	sie waren

FUTURE SIMPLE (FUTUR I)

	Être	DEU
je	**serai**	ich werde sein
tu	**seras**	du wirst sein
il / elle / on	**sera**	er/sie/es wird sein
nous	**serons**	wir werden sein
vous	**serez**	ihr werdet / Sie werden sein
ils / elles	**seront**	sie werden sein

Verb „avoir"

Avoir: haben (Modalverb für die Bildung des Perfekts), haben (=besitzen), es gibt (**il y a**)

PRÄSENS

	Avoir	DEU
j'	**ai**	ich habe
tu	**as**	du hast
il / elle / on	**a**	er/sie/es hat
nous	**avons**	wir haben
vous	**avez**	ihr habt / Sie haben
ils / elles	**ont**	sie haben

PERFEKT

	Avoir	DEU
j'	**ai eu**	ich habe gehabt
tu	**as eu**	du hast gehabt
il / elle / on	**a eu**	er/sie/es hat gehabt

nous	**avons eu**	wir haben gehabt
vous	**avez eu**	ihr habt / Sie haben gehabt
ils / elles	**ont eu**	sie haben gehabt

Imperfekt

	Haber	DEU
j'	**avais**	Ich hatte
tu	**avais**	du hattest
il / elle / on	**avait**	er/sie/es hatte
nous	**avions**	wir hatten
vous	**aviez**	ihr hattet / Sie hatten
ils / elles	**avaient**	sie hatten

Futur

	Avoir	DEU
j'	**aurai**	ich werde haben
tu	**auras**	du wirst haben
il / elle / on	**aura**	er/sie/es wird haben
nous	**aurons**	wir werden haben
vous	**aurez**	ihr werdet / Sie werden haben
ils / elles	**auront**	sie werden haben

Le passé composé

Wie erwähnt werden entweder „être“ oder „avoir“ als Modalverben für die Bildung des Perfekts benutzt. Man muss aber wissen, welches Partizip man benutzen muss.

Prendre (nehmen)	*Mordre* (beißen)	*Aller* (gehen)
j'**ai** pris	j'**ai** mordu	je **suis** allé(e)
tu **as** pris	tu **as** mordu	tu **es** allé(e)
il/elle/on **a** pris	il/elle/on **a** mordu	il/elle/on **est** allé(e)
nous **avons** pris	nous **avons** mordu	nous **sommes** allé(e)s

vous **avez** pris	vous **avez** mordu	vous **êtes** allé(e)s
ils **ont** pris	ils / elles **ont** mordu	ils/elles **sont** allé(e)s

Das Partizip kongruiert in Genus und Numerus mit dem Subjekt, wenn es dem Hilfsverb „être" folgt. Das Partizip bleibt unverändert mit dem Modalverb „avoir".

BEISPIELE:

Elle est allé**e** au cinéma. *(f sg)*
Ils sont arrivé**s**. *(m pl)*

Elle a mangé.
Ils ont attendu.

Wann benutzt man être oder avoir im Perfekt?

Was ist ein transitives / intransitives Verb?

Ein transitives Verb leitet ein direktes oder indirektes Objektkomplement ein. Ein intransitives Verb hat kein Objektkomplement und bringt die Bedeutung direkt zu seinem Subjekt.

	Avoir	*Être*
transitive Verben	x	
intransitive Verben		meistens
pronominale Verben		x
Bewegungsverben	wenn transitiv	wenn intransitiv
Veränderungsverben	wenn Fokus auf Veränderung	wenn Fokus auf Ergebnis

Verben „prendre/faire"

prendre: nehmen
faire: machen, tun

PRÄSENS

	prendre	*faire*
je	**prends**	**fais**

tu	**prends**	**fais**
il / elle / on	**prend**	**fait**
nous	**prenons**	**faisons**
vous	**prenez**	**faites**
ils / elles	**prennent**	**font**

PERFEKT

	prendre	*faire*
j'	**ai pris**	**ai fait**
tu	**as pris**	**as fait**
il / elle / on	**a pris**	**a fait**
nous	**avons pris**	**avons fait**
vous	**avez pris**	**avez fait**
ils / elles	**ont pris**	**ont fait**

IMPERFEKT

	prendre	*faire*
je	**prenais**	**faisais**
tu	**prenais**	**faisais**
il / elle / on	**prenait**	**faisait**
nous	**prenions**	**faisions**
vous	**preniez**	**faisiez**
ils / elles	**prenaient**	**faisaient**

FUTUR

	prendre	*faire*
je	**prendrai**	**ferai**
tu	**prendras**	**feras**
il / elle / on	**prendra**	**fera**
nous	**prendrons**	**ferons**
vous	**prendrez**	**ferez**
ils / elles	**prendront**	**feront**

Verben „aller/venir“

aller: gehen
venir: kommen

Präsens

	aller	*venir*
je	**vais**	**viens**
tu	**vas**	**viens**
il / elle / on	**va**	**vient**
nous	**allons**	**venons**
vous	**allez**	**venez**
ils / elles	**vont**	**viennent**

Perfekt

	aller	*venir*
je	**suis allé(e)**	**suis venu(e)**
tu	**es allé(e)**	**es venu(e)**
il / elle / on	**est allé(e)**	**est venu(e)**
nous	**sommes allé(e)s**	**sommes venu(e)s**
vous	**êtes allé(e)s**	**êtes venu(e)s**
ils / elles	**sont allé(e)s**	**sont venu(e)s**

Imperfekt

	aller	*venir*
j‘	**allais**	**venais**
tu	**allais**	**venais**
il / elle / on	**allait**	**venait**
nous	**allions**	**venions**
vous	**alliez**	**veniez**
ils / elles	**allaient**	**venaient**

Futur

	aller	*venir*

j'	**irai**	**viendrai**
tu	**iras**	**viendras**
il / elle / on	**ira**	**viendra**
nous	**irons**	**viendrons**
vous	**irez**	**viendrez**
ils / elles	**iront**	**viendront**

Verben auf –OIR (devoir, vouloir, falloir)

Devoir: müssen, sollen

	Présent simple	***Futur***	***Passé composé***	***Imparfait***
je	**dois**	**devrai**	**ai dû**	**devais**
tu	**dois**	**devras**	**as dû**	**devais**
il / elle / on	**doit**	**devra**	**a dû**	**devait**
nous	**devons**	**devrons**	**avons dû**	**devions**
vous	**devez**	**devrez**	**avez dû**	**deviez**
ils / elles	**doivent**	**devront**	**ont dû**	**devaient**

vouloir: wollen

	Présent simple	***Futur***	***Passé composé***	***Imparfait***
je	**veux**	**voudrai**	**ai voulu**	**voulais**
tu	**veux**	**voudras**	**as voulu**	**voulais**
il / elle / on	**veut**	**voudra**	**a voulu**	**voulait**
nous	**voulons**	**voudrons**	**avons voulu**	**voulions**
vous	**voulez**	**voudrez**	**avez voulu**	**vouliez**
ils / elles	**veulent**	**voudront**	**ont voulu**	**voulaient**

Falloir: brauchen, nötig sein, müssen

Es wird immer in der 3. Person Singular (il) konjugiert und wird unpersönlich ausgedruckt (man + Verb). Es kann sich auch auf andere Personen beziehen (ich, du...), wenn dies aus dem Kontext offensichtlich ist.

BEISPIELE:

Il faut du pain.	Man braucht Brot/wir brauchen Brot...
Il faut du temps.	Man braucht Zeit/ich brauche Zeit/sie brauchen Zeit... (je nach Kontext)
Il faut boire de l'eau *(f)*.	Man muss Wasser trinken.

	PRÉSENT SIMPLE	***FUTUR***	***PASSÉ COMPOSÉ***	***IMPARFAIT***
il / elle / on	**faut**	**faudra**	**a fallu**	**fallait**

Verben auf -ER (Les verbes du 1er groupe)

Diese Verben enden auf „–er". Zu dieser Gruppe gehören die meisten Verben und ALLE sind regelmäßig (außer „envoyer").

Vorsicht: das Verb ALLER ist kein Verb der 1. Gruppe. Er gehört zur 3. Gruppe!

BEISPIEL: *chanter* (singen)

Wurzel: CHANT
Endung: ER

PRÄSENS

	chanter
je	chante
tu	chantes
il / elle / on	chante
nous	chantons
vous	chantez
ils / elles	chantent[11]

PERFEKT

	chanter
j'	ai chanté
tu	as chanté
il / elle / on	a chanté
nous	avons chanté
vous	avez chanté
ils / elles	ont chanté

[11] man schreibt zwar « Ils chantent », aber man spricht /il chant/ aus.

Imperfekt

	chanter
je	chantais
tu	chantais
il / elle / on	chantait
nous	chantions
vous	chantiez
ils / elles	chantaient

Futur

	chanter
je	chanterai
tu	chanteras
il / elle / on	chantera
nous	chanterons
vous	chanterez
ils / elles	chanteront

Verben auf –IR (Les verbes du 2ème groupe)

Um zu erkennen, ob ein Verb zu der 2. oder 3. Gruppe gehört, muss man es mit „nous" im Präsens konjugieren.
Endet das konjugierte Verb auf -ISSONS, gehört es zur 2. Gruppe.

BEISPIELE: Finir → Nous **fin*issons***: 2. Gruppe

Partir → Nous **part*ons***: 3. Gruppe

remplir: ausfüllen

Präsens

	remplir
je	remplis
tu	remplis
il / elle / on	remplit
nous	remplissons
vous	remplissez
ils / elles	remplissent

Perfekt

	remplir
j'	ai rempli
tu	as rempli
il / elle / on	a rempli
nous	avons rempli
vous	avez rempli
ils / elles	ont rempli

Imperfekt

	remplir
je	remplissais

Futur

	remplir
je	remplirai

tu	remplissais		tu	rempliras
il / elle / on	remplissait		il / elle / on	remplira
nous	remplissions		nous	remplirons
vous	remplissiez		vous	remplirez
ils / elles	remplissaient		ils / elles	rempliront

Die restlichen Verben (Les verbes du 3ème groupe)

Zu dieser Gruppe gehören alle anderen Verben, also alle, die unregelmäßig sind. Zum Beispiel aller, dormir, alle Verben mit Endung auf –DRE ...

Es gibt aber die Möglichkeit, ein paar Gruppierungen zu machen.

Die Bildung des Perfekts ist wie immer mit „sein/haben" + Partizip.

Es gibt 4 Varianten für die Konjugation des Präsens.

Präsens

	Ouvrir	*Dormir*	*Mettre*	*Pouvoir*
je	ouvr**e**	dor**s**	met**s**	peu**x**
tu	ouvr**es**	dor**s**	met**s**	peu**x**
il / elle / on	ouvr**e**	dor**t**	me**t**	peu**t**
nous	ouvr**ons**	dorm**ons**	mett**ons**	pouv**ons**
vous	ouvr**ez**	dorm**ez**	mett**ez**	pouv**ez**
ils	ouvr**ent**	dorm**ent**	mett**ent**	peuv**ent**

Imperfekt

	Ouvrir	*Prendre*
je	ouvr**ais**	pren**ais**
tu	ouvr**ais**	pren**ais**
il / elle / on	ouvr**ait**	pren**ait**
nous	ouvr**ions**	pren**ions**
vous	ouvr**iez**	pren**iez**
ils	ouvr**aient**	pren**aient**

Futur

Wurzel + Endung

	Ouvrir	*Prendre*
je	ouvrir**ai**	prendr**ai**
tu	ouvrir**as**	prendr**as**
il / elle / on	ouvrir**a**	prendr**a**
nous	ouvrir**ons**	prendr**ons**
vous	ouvrir**ez**	prendr**ez**
ils	ouvrir**ont**	prendr**ont**

Reflexive Verben

Um ein reflexives Verb zu bilden (z.B. das Verb "*se lever*" (aufstehen)), fügt man den Partikel *se* an. Einfach das Pronomen vor das Verb platzieren, das Verb "*se lever*" wird wie die -er Verben konjugiert.

Präsens

	se lever
je	**me lève**
tu	**te lèves**
il / elle / on	**se lève**
nous	**nous levons**
vous	**vous levez**
ils / elles	**se lèvent**

Perfekt

	se lever
je	**me suis levé(e)**
tu	**t'es levé(e)**
il / elle / on	**s'est levé(e)**
nous	**nous sommes levé(e)s**
vous	**vous êtes levé(e)s**
ils / elles	**se sont levé(e)s**

Imperfekt

	se lever
je	**me levais**
tu	**te levais**
il / elle / on	**se levait**
nous	**nous levions**
vous	**vous leviez**
ils / elles	**se levaient**

Futur

	se lever
je	**me lèverai**
tu	**te lèveras**
il / elle / on	**se lèvera**
nous	**nous lèverons**
vous	**vous lèverez**
ils / elles	**se lèveront**

Verneinung (Négation)

Um einen bejahenden Aussagesatz in einen verneinenden Satz zu verwandeln, wird „ne… pas“ hinzugefügt. Die Negation umklammert das Verb, wenn es in der einfachen Zeitform steht.

BEISPIEL:

Je travaille. → Je **ne** travaille **pas**. *(Ich arbeite nicht)*

In zusammengesetzten Zeitformen umschließt die Negation das Hilfsverb „sein“ oder „haben“ (*Beispiel 1*). Bei reflexiven Verben wird der Partikel „se“ nach „ne“ gesetzt (*Beispiel 2*).

BEISPIELE:

(1) J'ai travaillé toute la nuit. → Je **n'**ai **pas** travaillé toute la nuit.

(2) Je m'assois. → Je **ne m'**assois pas.

Gängige Negativformen:

Ne… pas

J'écris. → Je n'écris pas. *(nicht)*

Ne… personne

Il voit quelqu'un *(jemand)*. → Il ne voit personne. *(niemand)*

Ne… rien

Tu manges quelque chose *(etwas)*. -> Tu ne manges rien. *(nichts)*

Ne… jamais

Vous mangez quelque fois *(manchmal)* du chocolat. → Vous ne mangez jamais de chocolat. *(niemals)*

Ne… plus

Nous faisons encore *(noch)* du tennis. -> Nous ne faisons plus de tennis. *(nicht mehr)*

Ne… pas encore

As-tu déjà *(schon)* lu ce livre ? → Je n'ai pas encore lu ce livre. *(noch nicht)*

Ne… aucun

Avez-vous un animal de compagnie ? → Nous n'avons aucun animal de compagnie. *(kein)*

Wortschatz

Top 20

1	**Salut, je m'appelle...**	Hallo, ich heiße...
2	**Comment vas-tu / allez-vous ?**	Wie geht's dir/Ihnen?
3	**Très bien, merci.**	Sehr gut, danke.
4	**De rien.**	Gerne geschehen/bitte schön.
5	**Je suis ravi(e).**	Freut mich.
6	**Je suis Allemand(e) / Autrichien(ne) / Suisse.**	Ich bin Deutsche(r) / ÖsterreicherIn / SchweizerIn.
7	**Je parle un peu (de) français.**	Ich spreche ein bisschen Französisch.
8	**Pouvez-vous répéter ?**	Können Sie wiederholen?
9	**Je ne comprends pas.**	Ich verstehe nicht.
10	**Ralentissez, s'il vous plaît.**	Langsamer, bitte.
11	**Que veut dire... ?**	Was bedeutet...?
12	**J'ai besoin d'aide, s'il vous plaît.**	Ich brauche Hilfe, bitte.
13	**Je suis désolé(e).**	Es tut mir leid.
14	**Excusez-moi, je voudrais une bière, s'il vous plaît.**	Entschuldigen Sie, ich will ein Bier, bitte.
15	**Combien cela coûte-t-il ?**	Wie viel kostet das?
16	**Il fait froid/chaud ici.**	Es ist kalt/heiß hier.
17	**Au revoir.**	Tschüss.
18	**Bonjour[12] / Bonne journée[13].**	Guten Morgen / Tag.
19	**Bonsoir / Bonne soirée.**	Guten Abend/Nacht.
20	**Bonne nuit.**	Gute Nacht.

Die Zahlen (Les chiffres)

		Aussprache IPA
0	**zéro**	/zero/
1	**un**	/œ̃/

[12] Bonjour & Bonsoir: als Begrüßung

[13] Bonne journée/soirée: als Abschiedsgruß

2	**deux**	/dø/
3	**trois**	/trwa/
4	**quatre**	/katrə/
5	**cinq**	/sẽk/
6	**six**	/sis/
7	**sept**	/sɛt/
8	**huit**	/ɥit/
9	**neuf**	/nœf/
10	**dix**	/dis/
11	**onze**	/ɔ̃z/
12	**douze**	/duz/
13	**treize**	/tʁɛz/
14	**quatorze**	/katɔʁz/
15	**quinze**	/kɛ̃z/
16	**seize**	/sɛz/
17	**dix-sept**	/disɛt/
18	**dix-huit**	/diz‿ɥit/
19	**dix-neuf**	/diznœf/
20	**vingt**	/vẽ/
21	**vingt et un**	/vẽteœ̃/
22	**vingt-deux**	/vẽtdø/
30	**trente**	/tʁɑ̃t/
40	**quarante**	/kaʁɑ̃t/
50	**cinquante**	/sɛ̃kɑ̃t/
60	**soixante**	/swasɑ̃t/
70	**soixante-dix**	/swasɑ̃tdis/
80	**quatre-vingts**	/katʁəvɛ̃/
90	**quatre-vingt-dix**	/katʁəvɛ̃dis/
100	**cent**	/sɑ̃/
101	**cent un**	/sɑ̃tœ̃/
110	**cent dix**	/sɑ̃dis/
200	**deux cents**	/døsɑ̃/
1000	**mille**	/mil/
10000	**dix mille**	/dimil/
100000	**cent mille**	/sɑ̃mil/
1000000	**un million**	/œ̃ miljõ/

Um die weiteren Zahlen zu bilden, musst du einfach wie auf Deutsch diese in Teile aufsplitten und die Teile aussprechen und zusammenfügen. Also: 1256: **mille deux cents cinquante-six**

Die Jahre und die Zahlen werden genauso gebildet (keine neunzehnhundert...).

Die Zahlen von 21 bis 99 werden im Vergleich zu Deutsch umgekehrt ausgesprochen. Anstatt:

63 dreiundsechzig

bildet man das Wort wie folgt: Zehner-Einer → Ergebnis: soixante-**trois**

Ausnahmen: 21, 31, 41, 51: Zehner **und** Einer → 41: quarante **et** un

Dir ist bestimmt die Bildung von 70, 80 und 90 aufgefallen.

70 ist gleich zu 60 + 10

80 ist 4 mal 20

90 ist 4 x 20 + 10

Analog bildet man die weiteren Zahlen von 71 bis 99.

BEISPIEL:

71 = 60+11 (soixante-onze)

Ordinalzahlen (les nombres ordinaux)

1er, 1re	**premier/première**	10^{e}	**dixième**
2e, 2^{d}, 2^{de}	**deuxième, second(e)**	11^{e}	**onzième**
3^{e}	**troisième**	12^{e}	**douzième**
4^{e}	**quatrième**	13^{e}	**treizième**
5^{e}	**cinquième**	14^{e}	**quatorzième**
6^{e}	**sixième**	20^{e}	**vingtième**
7^{e}	**septième**	21^{e}	**vingt et unième**
8^{e}	**huitième**	22^{e}	**vingt-deuxième**
9^{e}	**neuvième**	30^{e}	**trentième**

40^{e}	**quarantième**
50^{e}	**cinquantième**
60^{e}	**soixantième**
70^{e}	**soixante-dixième**
80^{e}	**quatre-vingtième**
90^{e}	**quatre-vingt-dixième**
100^{e}	**centième**
1000^{e}	**millième**

Die Wochentage (les jours de la semaine)

lundi *m*	/lœ̃di/	Montag
mardi *m*	/maʁdi/	Dienstag
mercredi *m*	/mɛʁkʁədi/	Mittwoch
jeudi *m*	/ʒødi/	Donnerstag
vendredi *m*	/vɑ̃dʁədi/	Freitag
samedi *m*	/samdi/	Samstag
dimanche *m*	/dimɑ̃ʃ/	Sonntag
weekend *m*	/wikɛnd/	Wochenende
semaine *f*	/səmɛn/	Woche

Die Woche beginnt auch montags.

Die Monate (les mois)

janvier *m*	/ʒɑ̃vje/	Januar, Jänner
février *m*	/fevʁije/	Februar, Feber
mars *m*	/maʁs/	März
avril *m*	/avʁil/	April
mai *m*	/mɛ/	Mai
juin *m*	/ʒɥɛ̃/	Juni
juillet *m*	/ʒɥijɛ/	Juli
août *m*	/ut/	August

septembre *m*	/sɛptɑ̃bʁ/	September
octobre *m*	/ɔktɔbʁ/	Oktober
novembre *m*	/nɔvɑ̃bʁ/	November
décembre *m*	/desɑ̃bʁ/	Dezember

Die Jahreszeiten (les saisons)

printemps *m*	/pʁɛ̃tɑ̃/	Frühling
été *m*	/ete/	Sommer
automne *m*	/ɔtɔn/	Herbst
hiver *m*	/ivɛʁ/	Winter

Die Farben (les couleurs)

blanc	/blɑ̃/	weiß
bleu	/blø/	blau
gris	/gʀi/	grau
jaune	/ʒon/	gelb
marron	/maʀɔ̃/	braun
noir	/nwaʁ/	schwarz
orange	/ɔʀɑ̃ʒ/	orange
rose	/ʀoz/	rosa
rouge	/ʀuʒ/	rot
vert	/vɛʀ/	grün
violet	/vjɔlɛ/	violett

Die Uhrzeit (L'heure)

heure *f*	/œʁ/	die Uhrzeit
matin *m*	/matɛ̃/	der Morgen / Vormittag
matinée *f*	/matine/	der Morgen / Vormittag
midi *m*	/midi/	der Mittag
après-midi *m*	/apʁɛmidi/	der Nachmittag
soir *m*	/swaʁ/	der Abend
soirée *f*	/swaʁe/	der Abend
nuit *f*	/nɥi/	die Nacht
minuit *f*	/minɥi/	die Mitternacht
jour *m*	/ʒuʁ/	der Tag
journée *f*	/ʒuʁne/	der Tag

Quelle heure est-il?	Wie spät ist es?
Il est...	Es ist...
8h00	huit heures
9h05	neuf heures cinq
10h10	dix heures dix
11h15	onze heures et **quart**
14h20	quatorze heures vingt
11h25	onze heures vingt-cinq
1h30	une heure et **demie**
9h35	dix heures **moins** vingt-cinq
9h40	dix heures moins vingt
9h45	dix heures moins **le** quart
9h50	dix heures moins dix
15h55	seize heures moins cinq

« **soirée / matinée / journée** »: Fokus auf die Dauer eines Ereignisses (Wie lange?).
« **soir / jour / matin** » verortet den Zeitpunkt einer Handlung auf präzise Art und Weise (Wann?).

BEISPIELE:

J'arrive ce **soir**.	Heute Abend
J'arrive dans la **soirée**.	Während des Abends
Cela s'est passé hier **matin**.	Gestern morgen
Cela s'est passé hier dans la **matinée**.	Im Laufe des gestrigen Morgens

Um die Ausdrücke vormittags, nachmittags oder abends zu unterscheiden (wenn es nicht offensichtlich für die andere Person ist), kann man die Uhrzeit formell oder informell angeben.

Informell (I): Man fügt entsprechend den Tagesabschnitt bei.

Formell (F): Stunde ohne Tagesabschnitt gesprochen

BEISPIELE:

11h15	*(I & F)* onze heures et quart **du matin**
15h10	*(I)* trois heures dix **de l'après-midi** *(F)* **quinze** heures dix
20h30	*(I)* huit heures et demi **du soir** *(F)* **vingt** heures et demie

Weitere Vokabeln dieser Stufe

accent *m*	Akzent
ami *m*	Freund (im Sinne einer Freundschaft)
animal de compagnie *m*	Haustier
assiette *f*	Teller
attendre	warten
bateau *m*	Schiff, Boot
bébé *m*	Baby
cela	das
célèbre	bekannt
cerf *m*	Hirsch
chocolat *m*	Schokolade
coin *m*	Ecke

côté *m*	Seite
dormir	schlafen
doux	süß
école *f*	Schule
écrire	schreiben
embrasser	küssen
équipe *f*	Team
États-Unis *pl*	Vereinigte Staaten von Amerika
étude *f*	Forschung, Studie, das Lernen
eurêka	Eureka
excès *m*	Überschuss
exit *m*	Schluss
faim *f*	Hunger
fée *f*	Fee / Zauberin
femme *f*	Frau
fer *m*	Eisen
finir	beenden
fleurs *pl*	Blumen
fois *f*	Mal
galop *m*	Galopp
garçon *m*	Junge
homme *m*	Mann
Hongrie *f*	Ungarn
hôtel *m*	Hotel
igloo *m*	Iglu
jeux *pl*	Spiele
jupe *f*	Rock
légume *m*	Gemüse
lieu *m*	Ort
maïs *m*	Mais
maman *f*	Mutti
manche *f*	Ärmel, Stiel...
mettre	stellen
milieu *m*	Mitte
natation *f*	Schwimmsport
Noël *m*	Weihnachten
nœud *m*	Knoten
nombre *m*	Nummer

nuage *m*	Wolke
objet *m*	Objekt
œuvre *f*	Werk
oui	ja
ouvrir	öffnen
pain *m*	Brot
pantalon *m*	Hose
paon *m*	Pfau
papa *m*	Vati
partir	verlassen
passer	vergehen, passieren...
photo *f*	Foto
pied *m*	Fuß
plein	voll
pouvoir	dürfen, können
qualité *f*	Qualität
quelqu'un	jemand
radis *m*	Rettich
roi *m*	König
s'asseoir	sich hinsetzen
second *m*	Sekunde, zweiter
serpent *m*	Schlange
solennel	feierlich
sûr	sicher
technique *f*	Technik
terre *f*	Erde
tirer	ziehen

Übungen & Spiele

1. Quelle heure est-il ?

6h15 Il est ...

14h00

19h50

13h05

15h35

12h00 (Mittag)

2. Aujourd'hui, nous sommes... (*Heute ist...*)

z.B.:
0. Samstag, der 11. April 2004 **samedi, le onze avril deux mille quatre**

Freitag, der 1. März 2021

Freitag, der 8. Juli 2007

Sonntag, der 4. August 1965

Dienstag, der 23. Dezember 1986

3. Beantworte die folgenden Fragen auf Französisch:

De quelle couleur est le ciel ?

De quelle couleur est la tomate ?

De quelle couleur est la banane ?

Quel est le premier jour de la semaine ?

Quel est le dernier jour de la semaine ?

Dans quel mois fête-t-on Noël ?

... dure du 21 juin au 21 septembre.

4. Übersetze ins Französische:

Winter:

Es ist zwanzig vor sieben:

Jahreszeit:

Nachmittag:

Schwarz:

Neunzig:

Farbe:

August:

Herbst:

Monat:

5. Finde 20 Wörter dieser Stufe im Buchstabensalat.

Z	O	L	Q	U	A	T	O	R	Z	E	T	Z	F	O	H	S	B	L	M
P	I	D	G	M	T	R	G	R	M	N	H	L	V	R	V	M	W	E	L
S	V	E	R	Z	L	E	S	A	M	E	D	I	C	A	Z	Q	R	T	M
Q	I	F	C	O	L	N	V	C	O	H	A	N	Q	T	B	C	A	X	U
B	N	N	Q	O	X	T	I	M	I	Q	S	T	B	H	R	I	C	O	Z
O	G	M	H	U	Y	E	A	G	S	T	W	R	V	E	F	L	Y	V	B
X	T	V	X	N	V	V	X	I	R	L	V	Q	D	T	Z	N	M	A	P
F	H	D	E	C	E	M	B	R	E	T	C	I	A	H	V	Y	H	X	R
Z	U	J	L	T	A	M	O	G	A	C	O	D	O	Z	R	L	T	F	I
S	A	D	I	Y	T	U	Q	J	H	M	X	H	D	L	S	U	R	D	N
C	T	B	L	E	U	O	A	T	M	N	V	T	I	H	E	N	L	M	T
I	B	V	U	G	R	C	G	H	B	Z	T	N	L	G	M	T	S	D	E
D	M	S	N	U	I	T	Y	H	A	T	M	C	Z	U	H	L	V	B	M
Q	H	U	D	D	N	S	X	M	U	D	C	V	R	I	M	V	R	O	P
V	M	N	I	C	M	O	S	A	T	G	G	S	L	O	J	O	U	R	S
A	T	D	W	D	O	B	Z	B	O	L	X	O	Y	H	N	Q	I	F	C
O	R	A	N	G	E	F	H	Q	M	U	O	I	S	B	H	D	M	W	H
U	L	A	D	M	A	R	R	O	N	Y	U	R	O	U	G	E	T	I	G
T	I	X	C	O	L	X	I	R	E	R	T	E	L	M	T	L	R	D	S
S	F	T	L	V	H	T	N	M	W	G	G	E	H	C	Z	O	E	T	E

Stufe 2

Die Ankunft

An erster Stelle brauchst du das Vokabular bei deiner Ankunft am Flughafen oder wenn du Verkehrsmittel nutzt. Darauf liegt der Fokus in dieser Stufe.

Am Flughafen

Top-Sätze

Avez-vous un numéro de réservation ?	Haben Sie eine Reservierungsnummer?
Je suis en voyage d'affaire.	Ich bin auf einer Dienstreise.
Je suis en vacances.	Ich bin auf Urlaub.
Passport, s'il vous plaît.	Ihren Reisepass, bitte.
Est-ce que mon vol est à l'heure ?	Ist mein Flug pünktlich?
Où est le terminal 1 ?	Wo ist der Terminal 1?
Où est le point d'information ?	Wo ist die Informationsstelle?
Où ce trouve ma porte d'embarquement ?	Wo ist mein Gate, bitte?

Am Check-in-Schalter

enregistrement *m*	Check-in-Schalter
carte d'embarquement *f*	Bordkarte
limite de poids *f*	Gewichtsobergrenze
porte d'embarquement *f*	Flugsteig
réservation *f*	Reservierung
passeport *m*	Reisepass

Am Zoll

douane *f*	Zollamt
passeport *m*	Reisepass
ouvrir	öffnen
rien à déclarer	nichts zu verzollen

Gepäck

bagage perdu *m*	verlorenes Gepäck
fragile	zerbrechlich
valise *f*	Koffer
bagage *m*	Gepäck
bagage à main *m*	Handgepäck
objet de valeur *m*	Wertsache
surveiller le bagage	aufs Gepäck achten

Im Flugzeug

à bord	an Bord
atterrir	landen
avion *m*	Flugzeug
dans l'avion	im Flugzeug
décoller	abheben
équipage *m*	Flugpersonal
hôtesse de l'air *f*	Flugbegleiterin
ceinture *f*	Sicherheitsgurt
collation *f*	Imbiss
compartiment bagage *m*	Gepäckraum
gilet de sauvetage *m*	Rettungsweste
siège *m*	Sitzplatz
consignes de sécurité *pl*	Sicherheitshinweise
turbulences *pl*	Turbulenzen
vol *m*	Flug

Verkehrsmittel

Bus

composter	entwerten
gare routière *f*	Busbahnhof
arrêt de bus *m*	Bushaltestelle
autocar *m*	Reisebus
bus *m*	Bus
chauffeur *m*	Busfahrer
ticket *m*	Ticket

horaires *pl* Fahrpläne
petite monnaie *f* Kleingeld

Zug

billet aller simple *m*	Ticket für die Hinfahrt
billet aller-retour *m*	Ticket für die Hin- und Rückfahrt
descendre du train	aus dem Zug aussteigen
gare centrale *f*	Hauptbahnhof
annonce *f*	Lautsprecherdurchsage
correspondence *f*	Umsteigen
gare *f*	Bahnhof
voie *f*	Gleis
billet *m*	Fahrschein
conducteur *m*	Fahrer
contrôleur *m*	Schaffner
guichet *m*	Schalter
passager *m*	Fahrgast
quai *m*	Bahnsteig
retard *m*	Verspätung
train *m*	Zug
wagon *m*	Wagen
monter dans le train	in den Zug einsteigen
première classe *f*	1. Klasse
seconde classe *f*	2. Klasse
Votre billet, s'il vous plaît.	Ihre Fahrkarte, bitte.

Taxi

en espèces	Bar
L'adresse est ...	Die Adresse ist...
carte de credit *f*	Kreditkarte
destination *f*	Ziel
facture *f*	Rechnung
chauffeur *m*	Taxifahrer
coffre (de voiture) *m*	Kofferraum
taxi *m*	Taxi
montant de la course *m*	Fahrpreis

Auto

Je cherche un parking.	Ich suche ein Parkhaus.
Je voudrais louer une voiture.	Ich will ein Auto mieten.
assurance *f*	Versicherung
clef/clé *f*	Schlüssel
panne *f*	Panne
sortie *f*	Ausfahrt
vitesse *f*	Gang
voiture *f*	Auto
autoroute *f*	Autobahn
feu de circulation *m*	Ampel
GPS *m*	Navi
péage *m*	Maut(stelle)
pneu *m*	Reifen
restoroute *m*, **aire de repos** *f*	Raststation, Autobahnraststätte
volant *m*	Lenkrad
freins *pl*	Bremsen

An der Tankstelle

Combien coûte l'essence/le diesel par litre ?	Wie viel kostet das Benzin/ Diesel pro Liter?
faire le plein	auftanken
pression (des pneus) *f*	Reifendruck
station service *f*	Tankstelle
diesel *m*	Diesel
essence *f*	Benzin
pompe à essence *f*	Zapfsäule

Straßenbahn

acheter	kaufen
tramway *m*	Straßenbahn
rails *pl*	Schienen

U-Bahn

station *f*	U-Bahn-Station
métro *m*	U-Bahn

plan metro *m*	U-Bahn-Netzplan
prochain arrêt *m*	Nächster Halt

Fahrrad

chaîne *f*	Kette
pédale *f*	Pedal
roue *f*	Rad
casque *m*	Helm
guidon *m*	Lenker
pneu *m*	Reifen
rayon *m*	Radius
vélo *m*	Fahrrad
freins *pl*	Bremsen

Schiff

bouée *f*	Rettungsring
cabine *f*	Kabine
passerelle *f*	Gangway
bateau *m*	Boot
capitaine *m*	Kapitän
pont *m*	Deck
restaurant de bord *m*	Bordrestaurant

Übungen & Spiele

1. Ergänze die Sätze mit Vokabeln dieser Stufe:

Mon avion ___________ à 15 heures 30. (*abheben*)

Le train arrive en _____________. (*Station*)

Le chauffeur de taxi me demande si je paye en __________ ou par _________________. (*bar / Karte*)

Il faut appuyer sur les ____________ pour faire avancer son vélo. (*Pedale*)

L'agent des _______________ me demande si j'ai quelque chose à déclarer. (*Zoll*)

____________________ me tend un verre d'eau. (*Die Flugbegleiterin*)

Vokabular

demander	fragen, verlangen
payer	(be)zahlen
appuyer sur	auf etw. druücken
avancer	vorwärts gehen

2. Sortiere die Buchstaben der folgenden Wörter in richtiger Reihenfolge. Falls du einen Tipp brauchst, findest du rechts das entsprechende Wort auf Deutsch:

lasvei →	__________________	(Koffer)
foecrf →	__________________	(Kofferraum)
naaticeip →	__________________	(Kapitän)
ganow →	__________________	(Wagen)
ggabaeag →	__________________	(Gepäck)
beesnuutrlc →	__________________	(Turbulenzen)
ninodsettai →	__________________	(Ziel)
nietrecu →	__________________	(Gürtel)
beainc →	__________________	(Kabine)
tonceudurc →	__________________	(Fahrer)

Stufe 3
Unterkunft

Du bist endlich an deinem Urlaubsziel, du willst jetzt bestimmt dein Gepäck abgeben und genießen. Anbei Redewendungen in Bezug auf die Unterkunft:

Top Sätze

J'ai une réservation au nom de ...	Ich habe eine Reservierung unter dem Namen...
À quel étage se trouve ma chambre ?	In welchem Stock befindet sich mein Zimmer?
Le petit déjeuner est-il inclus ?	Ist das Frühstück inkludiert?
Pouvez-vous me donner une carte / un plan de la ville, s'il vous plaît ?	Können Sie mir bitte einen Stadtplan geben?
Pouvez-vous me donner le mot de passe du Wi-Fi, s'il vous plaît ?	Können Sie mir das WLAN- Passwort geben?

Suchen

Proposez-vous un service de location de vélos ?	Bieten Sie einen Fahrradverleihservice an?
Jusqu'à quand pouvez-vous annuler gratuitement ?	Bis wann könnte man kostenlos stornieren?
Les chambres sont-elles équipées de la climatisation ou d'un ventilateur ?	Haben die Zimmer Klimaanlage oder Ventilator?
Vous avez une cuisine ?	Haben Sie eine Küche?
Avez-vous un sauna ?	Haben Sie eine Sauna?
L'hôtel dispose-t-il d'un parking ?	Haben Sie Parkplätze im Hotelgebiet?
Avez-vous des coffres-forts ?	Haben Sie Safes?
Je cherche un hôtel dans le centre.	Ich suche ein Hotel im Zentrum.
L'hôtel est-il éloigné de la vieille ville ?	Ist das Hotel weit von der Altstadt entfernt?
Votre hôtel est-il accessible aux personnes handicapées ?	Ist Ihr Hotel behindertenfreundlich?
Le Wi-Fi est-il inclus dans le prix ?	Ist WLAN inklusive bei Ihnen?

Les chambres sont-elles équipées de chauffage ?	Sind die Zimmer mit Heizung ausgestattet?
Les animaux de compagnie sont-ils autorisés ?	Sind Haustiere erlaubt?
Disposez-vous d'un service de navettes pour aller à l'aéroport ?	Verfügen Sie über ein Flughafenshuttleservice?
L'hôtel dispose-t-il d'un centre de remise en forme ?	Verfügt das Hotel über ein Fitnesscenter?
À combien se montent les frais d'annulation ?	Was sind die Stornierungskosten?
Combien coûte la chambre par nuit ?	Wie viel kostet das Zimmer pro Nacht?
Combien d'étoiles l'hôtel a-t-il ?	Wie viele Sterne hat das Hotel?
appartement de vacances *m*	Ferienwohnung
auberge *f*	Hostel
auberge de jeunesse *f*	Jugendherberge
bungalow *m*	Bungalow
maison de vacances en zone rurale *f*	Ferienhaus in ländlichen Regionen
motel *m*	Motel
pension *f*	Pension

Buchen

Avez-vous des chambres disponibles ?	Haben Sie freie Zimmer?
J'arriverai à l'hôtel à ... heure(s).	Ich werde ... Uhr beim Hotel anreisen.
Je voudrais réserver une chambre (non) fumeur.	Ich will ein (Nicht)raucherzimmer.
Je voudrais réserver une chambre double.	Ich will ein Doppelzimmer buchen.
Je voudrais réserver une chambre simple / individuelle.	Ich will ein Einzelzimmer.
Je voudrais réserver une chambre familiale.	Ich würde gern ein Familienzimmer buchen.
Pouvez-vous épeler votre nom et votre prénom ?	Können Sie bitte Ihre Vor- und Nachnamen buchstabieren?
Pouvez-vous me donner les détails de votre carte de crédit pour compléter votre réservation ?	Können Sie mir bitte die Kreditkartendetails geben, um Ihre Reservierung zu vervollständigen?

Dois-je payer à l'arrivée ou au départ ?	Muss ich beim Einchecken oder beim Auschecken zahlen?
Dois-je payer à l'avance ou à l'hôtel ?	Muss ich im Voraus bezahlen oder im Hotel?
Quel est votre numéro de téléphone ?	Wie ist Ihre Telefonnummer?
Comment puis-je me rendre à l'hôtel par les transports en commun ?	Wie kann ich das Hotel mit den öffentlichen Verkehrs-mitteln erreichen?
Combien de nuits voulez-vous réserver ?	Wieviel Nächte wollen Sie buchen?

Check-in

La chambre dispose d'un minibar.	Das Zimmer verfügt über eine Minibar.
Avez-vous du service pressing ?	Haben Sie einen Waschraum?
Pouvez-vous, s'il vous plaît, régler mon réveil pour ... heures ?	Können Sie bitte meinen Wecker auf ... Uhr stellen?
À quelle heure commence le petit déjeuner ?	Um wie viel Uhr fängt das Frühstück an?
Où se trouve l'ascenseur ?	Wo ist der Aufzug?
1er étage/dernier étage	1. Stock/Obergeschoss
étage *m*	Stock/Geschoss
client *m*	Gast
demi-pension *f*	Halbpension
draps *pl*	Bettwäsche
clé de la chambre *f*	Zimmerschlüssel
paiement en espèces *m*	Barzahlung
parking souterrain *m*	Tiefgarage
payer par carte bleue	Mit EC-Karte / Bankomatkarte zahlen
pension complète *f*	Vollpension
piscine *f*	Schwimmbad
réception *f*	Empfang
réceptionniste *f*	Rezeptionist
rez-de-chaussée *m*	Erdgeschoss
salle de bain privée *f*	Privates Badezimmer
s'enregistrer	einchecken
service de chambre *m*	Zimmerservice
sous-sol *m*	Keller

Beschwerden

plainte *f*	Beschwerde
Le chauffage ne fonctionne pas.	Die Heizung funktioniert nicht.
La climatisation est cassée.	Die Klimaanlage ist kaputt.
Il n'y a pas d'eau chaude.	Es gibt kein warmes Wasser.
C'est trop bruyant.	Es ist zu laut.
Pourriez-vous me donner une autre couverture ?	Könnten Sie mir noch eine Decke geben?

Check-out

Pouvons-nous laisser nos bagages dans l'espace bagages ?	Dürfen wir unsere Koffer im Gepäckraum abstellen?
Pouvez-vous me rendre ma caution ?	Können Sie mir bitte meine Kaution zurückgeben?
À quelle heure devons-nous quitter l'hôtel ?	Um wie viel Uhr müssen wir auschecken?

Camping

Nous avons besoin d'électricité, s'il vous plaît.	Wir brauchen bitte Strom.
Où puis-je me débarrasser des ordures ?	Wo kann ich den Müll entsorgen?
Où sont les toilettes ?	Wo sind die Toiletten?
allumer le feu	das Feuer anmachen
allumette *f*	Streichholz
auvent *m* / **verrière** *f*	Sonnendach
briquet *m*	Feuerzeug
camping *m*	Campingplatz
caravane *f* / **camping-car** *m*	Wohnmobil
chaises pliantes *pl*	Klappstühle
éteindre l'incendie	das Feuer ausmachen
feu de camp *m*	Lagerfeuer
hamac *m*	Hängematte
jumelles *pl*	Fernglas
lampe de poche *f*	Taschenlampe

maillet *m*	Holzhammer
moustiquaire *f*	Insektenschutz
réchaud à gaz (de camping) *m*	Camping-Gaskocher
sac de couchage *m*	Schlafsack
table pliante *f*	klappbarer Tisch
tapis de sol *m*	Matte
tente *f*	Zelt

Grillzeit!

(genaueres zum Essen und Trinken auf Stufe 4)

Peut-on faire un barbecue ici ?	Darf man hier grillen?
allume-barbecue *m*	Grillanzünder
assiette en plastique *f*	Kunststoffteller
brochette *f*	Spieß
couverts en plastique *pl*	Kunststoffbesteck
espace barbecue *m*	Grillplatz
glacière *f*	Kühlbox
gobelet *m*	Becher, Häferl
gobelet en plastique *m*	Plastikbecher
pinces à barbecue *pl*	Grillzangen
thermos *m* oder *f*	Thermosflasche

Ferienwohnung

baignoire *f*	Badewanne
bain *m*	Bad
balcon *m*	Balkon
bouilloire électrique *f*	Wasserkocher
cafetière *f*	Kaffeemaschine
canapé *m*	Sofa
canapé-lit *m*	Schlafsofa
chaînes de télévision à la carte *pl*	Pay-Per-View-Kanäle
congélateur *m*	Tiefkühlschrank
cour *f*	Hof
cuisine *f*	Küche
cuisinière *f*	Herdplatte

cuisinière à gaz *f*	Gasherd
douche *f*	Dusche
fer à repasser *m*	Bügeleisen
four *m*	(Herd)ofen
four à micro-ondes *m*	Mikrowelle
grille-pain *m*	Toaster
jeux de société *pl*	Brettspiele
lit *m*	Bett
lit pliant *m*	Klappbett
machine à laver *f*	Waschmaschine
papier toilette *m*	Toilettenpapier
placard *m*	Schrank
prise (de courant) *f*	Steckdose
produits de nettoyage *pl*	Reinigungsmittel
réfrigérateur *m*	Kühlschrank
sèche-cheveux *m*	Haartrockner
séchoir à linge *m*	Wäschetrockner
séchoir à linge *m*	Wäscheständer
table à manger *f*	Esstisch
table à repasser *f*	Bügelbrett
tabouret *m*, **chaise haute** *f*	Hocker, Hochstuhl
télévision *f*	Fernseher
terrasse *f*	Terrasse

Übungen & Spiele

1. Übersetze diese Vokabeln ins Französische:

Toaster ____________________

Haartrockner ____________________

Grillanzünder ____________________

Schlafsack ____________________

Empfang ____________________

Vollpension ____________________

2. Löse dieses Kreuzworträtsel *(mots croisés)*:

Horizontalement

1 Fernseher
3 Spieß
6 Kühlbox
7 Wohnmobil
9 Sofa
12 Campingplatz
13 Zelt
15 Bett
17 Zimmer

Verticalement

2 Kaffeemaschine
4 Hotel
5 Badewanne
8 Beschwerde
10 Balkon
11 Steckdose
14 Reservierung
16 Klimaanlage
18 Hostel
19 Stock / Geschoss
20 Parkplatz

3. Verknüpfe das Vokabular links mit den jeweiligen Übersetzungen:

séchoir à linge	Kunststoffbesteck
Je voudrais réserver une chambre double.	Ferienwohnung
Le petit déjeuner est-il inclus ?	Ich will ein Doppelzimmer buchen.
appartement de vacances	Wäscheständer
couverts en plastique	Ist das Frühstück inkludiert?
Où se trouve l'ascenseur ?	Mit Karte zahlen
réchaud à gaz	Tiefgarage
payer par carte bleue	Camping-Gaskocher
parking souterrain	Wo ist der Aufzug?

Stufe 4

Essen & Trinken

Nachdem du dich niedergelassen hast, ist es dann Zeit zum Essen oder gemütlich was zu trinken. Anbei das Wichtigste auf diesem Gebiet:

Top Sätze

L'addition, s'il vous plaît.	Die Rechnung / Zahlen, bitte.
Une table pour deux, s'il vous plaît.	Einen Tisch für zwei, bitte.
Je voudrais une bière fraîche, s'il vous plaît.	Ich will ein kaltes Bier, bitte.
Pourriez-vous m'apporter le menu, s'il vous plaît ?	Könnten Sie mir eine Speisekarte bringen?
Quel est le plat local ici ?	Was ist das Lokalgericht hier?

Mahlzeiten

collation *f*	Jause, Snack
apéritif *m*	Aperitif
déjeuner *m*	Mittagessen
dîner *m*	Abendessen
petit déjeuner *m*	Frühstück
snack *m*	Imbiss
boire	trinken
manger	essen

Auf der Suche nach einem Restaurant

Combien de temps devons-nous encore attendre ?	Wie lange müssen wir noch warten? *(falls du dich in die Warteliste bei vollem Restaurant einträgst)*
Il y a encore des plats chauds ?	Gibt es noch warme Küche? *(falls du zu spät zum Restaurant ankommst)*

Pourriez-vous me recommander un restaurant bon marché ?	Könnten Sie mir ein billiges Restaurant empfehlen?
Pourriez-vous me recommander un bon restaurant ?	Könnten Sie mir ein gutes Restaurant empfehlen?
Pourriez-vous me recommander un restaurant à proximité ?	Könnten Sie mir ein Restaurant in der Nähe empfehlen?
Est-ce qu'ils servent de la nourriture locale / régionale ici ?	Wird hier lokales Essen serviert?
Avez-vous un buffet à volonté ?	Haben Sie All-you-can-eat Büffet?
Avez-vous de la nourriture végétalienne ?	Haben Sie veganes Essen?
Avez-vous de la nourriture végétarienne ?	Haben Sie vegetarisches Essen?
Avez-vous une terrasse ?	Haben Sie eine Terrasse?
Je cherche un restaurant asiatique dans la zone.	Ich suche ein asiatisches Restaurant in der Gegend.
Je voudrais réserver une table pour 2 à 15 heures.	Ich würde gern einen Tisch für 2 um 15 Uhr buchen.
bar *m* / **bistrot** *m*	Kneipe
restaurant *m*	Gaststätte
restaurant africain	afrikanisches Restaurant
restaurant argentin	argentinisches Restaurant
restaurant asiatique	asiatisches Restaurant
restaurant espagnol	französisches Restaurant
restaurant grec	griechisches Restaurant
restaurant italien	italienisches Restaurant
restaurant mexicain	mexikanisches Restaurant
fast-food *m*	Fast-Food-Restaurant
snack-bar *m*	Imbiss
steak house *m* / **grill** *m*	Steakhouse

Bestellen

Garçon !	Herr Ober!
Bon appétit !	Lass es dir schmecken!
Quelle est la spécialité de la maison ?	Was ist die Spezialität des Hauses?
Autre chose ? Ça sera tout ?	Noch etwas dazu?
Ce plat est-il accompagné d'un accompagnement ?	Wird diese Speise mit Beilage serviert?

Pouvons-nous payer séparément ?	Dürfen wir getrennt zahlen?
Que voulez-vous manger ?	Was wollen Sie essen?
Que recommandez-vous ?	Was empfehlen Sie uns?
Ensemble ou séparément ?	Zusammen oder getrennt?
Pardon, nous n'avons pas commandé cela.	Entschuldigung, das haben wir nicht bestellt.
Mon plat est déjà froid, pouvez-vous le réchauffer ?	Mein Essen ist schon kalt, könnten Sie es erwärmen?
Mon verre est cassé, pouvez-vous m'en apporter un autre ?	Mein Glas ist kaputt, könnten Sie mir ein anderes bringen?
Nous voulons simplement boire quelque chose.	Wir wollen einfach etwas trinken.
Tout est très bon / délicieux, merci.	Alles sehr lecker/köstlich, danke.
pourboire *m*	Trinkgeld
reçu *m*	Quittung
serveur *m*	Kellner

Für Allergiker

Je suis allergique ...	Ich bin allergisch gegen...
aux œufs	Eier
aux cacahuètes	Erdnüsse
au poisson	Fisch
au gluten	Gluten
aux crustacés	Krustentiere
au lactose	Laktose
au lupln	Lupinen
aux fruits de mer	Meeresfrüchte
au céleri	Sellerie
à la moutarde	Senf
au sésame	Sesam
au soja	Soja
aux sulfites	Sulfit
aux fruits secs	Trockenfrüchte

Übliches Vokabular

carte des boissons *f*	Getränkekarte
carte des desserts *f*	Nachtischkarte, Dessertkarte
carte des vins *f*	Weinkarte
cuillère *f*	Löffel
cuillère à café *f*	Teelöffel
fourchette *f*	Gabel
serviette de table *f*	Serviette
assiette *f*	Teller
couteau *m*	Messer
dessert *m*	Nachtisch, Nachspeise
menu du jour *m*	Tagesmenü
plat principal *m*	Hauptgericht
premier plat *m*	Erster Gang
verre *m*	Glas
verre à vin *m*	Weinglas
entrées *pl*	Vorspeisen

Die üblichsten Lebensmittel und Speisen
(noch mehr auf Stufe 6 > Im Supermarkt)

Getränke

bière *f*	Bier
boissons non alcoolisées *pl*	alkoholfreie Getränke
cidre *m*	Apfelwein
cognac *m*	Cognac
eau du robinet *f*	Leitungswasser
eau minérale gazeuse *f*	Mineralwasser mit Kohlensäure
eau plate *f*	stilles Wasser
jus d'ananas *m*	Ananassaft
jus de pomme *m*	Apfelsaft
jus de raisin *m*	Traubensaft
jus d'orange *m*	Orangensaft
limonade *f*	Limonade

panaché *m*	Radler
rosé *m*	Rosé
vin *m*	Wein
vin blanc *m*	Weißwein
vin mousseux *m*	Schaumwein
vin mousseux / champagne *m*	Sekt
(vin de) porto *m*	Portwein
vin rouge *m*	Rotwein
whisky *m*	Whisky

Vorspeisen

anneaux de calamar *pl*	Tintenfischringe
champignons *pl*	Pilze
croquettes *pl*	Kroketten
fromage *m*	Käse
fromage de brebis *m*	Schafkäse
fromage de chèvre *m*	Ziegenkäse
huile *f*	Öl
huile d'olive *f*	Olivenöl
frites *pl*	Pommes
œuf au plat *m*	Spiegelei
œufs brouillés *pl*	Rührei/Eierspeise
olives *pl*	Oliven
omelette *f*	Omelett
pâtisseries farcies *pl*	gefüllte Teigpasteten
poivre *m*	Pfeffer
poudre de paprika *f*	scharfe Paprika
salade *f*	Salat
sauces, vinaigrettes *pl*	Dressing, Salatsoße
sel *m*	Salz
soupe *f*	Suppe
soupe de nouilles *f*	Nudelsuppe
vinaigre *m*	Essig

Hauptspeise

Pasta

cannelloni	Cannelloni
lasagnes[14]	Lasagne
pâtes	Nudeln
macaroni	Maccheroni
pizza *f*	Pizza
spaghetti	Spaghetti

Gemüse

artichauts	Artischocken
asperges	Spargel
aubergines	Auberginen
courgettes	Zucchini
épinards	Spinat
haricots blancs	weiße Bohnen
haricots verts	grüne Bohnen
légumes	Gemüse
lentilles	Linsen
pois chiches	Kichererbsen
pommes de terre[15]	Kartoffeln/Erdäpfel

Eintöpfe

Aus Frankreich

blanquette de veau *f*	Kalbfleisch mit Zwiebeln und Karotten, gekocht in Crème Fraîche und Weißwein
bœuf bourguignon *m*	Rindfleisch mit verschiedenem Gemüse, gekocht in Rotwein
cassoulet *m*	Bohneneintopf
choucroute *f*	Sauerkraut mit Kartoffeln und verschiedenen Arten von Würsten

---

[14] „*lasagnes*" und „*pâtes*" stehen im Plural!

[15] Wortgleich ist dies auf Deutsch „Erdäpfel" (*terre* = Erde, *pommes* = Äpfel)

gratin dauphinois *m*	Kartoffelscheiben, gewürzt mit Knoblauch, Salz, Pfeffer und Muskatnuss, mit Crème Fraîche übergossen und gratiniert
hachis parmentier *m*	Hackfleisch-Kartoffelpüree Auflauf
pot au feu *m*	Rindfleisch mit verschiedenen Gemüsesorten
poulet au pot *m*	Hühnchen mit Lauch, Karotten, Zwiebeln und Rübe
quiche lorraine *f*	Quiche mit Speckwürfeln
tartiflette *f*	Kartoffelauflauf mit Reblochon-Käse

Aus Belgien

boulets sauce lapin *pl*	Frikadellen in Kaninchensoße
carbonade flamande *f*	Rindfleisch mit verschiedenem Gemüse, gekocht in Bier
chicons à la béchamel *pl*	Chicorée mit Béchamelsoße
frites *pl*	Pommes frites
lapin à la biere *m*	Kaninchen in Bier
moules *pl*	Muscheln
waterzoï de poulet *m*	Suppengericht mit Huhn, Gemüse und Sahne

Aus der Schweiz

älplermagronen *pl*	Teigwaren, Kartoffeln, Rahm, Käse und Zwiebeln
choléra *m*	Blätterteig gefüllt mit Kartoffeln, Zwiebeln, Apfel und Lauch
fondue *f*	Käsefondue
papet vaudois *m*	Kochwurst mit Lauch und Kartoffeln, in Crème Fraîche und Wein gekocht
raclette *f*	Raclette
röstis *pl*	Rösti
soupe de chalet *f*	Suppe mit Kartoffeln, Nudeln und verschiedenem Gemüse

Aus Kanada

cretons *pl*	Pastete aus Schweinestückchen

poutine *f*	Pommes mit BBQ-Sauce und Goudakäse
soupe de poisson *f* **québecoise** *f*	Fischsuppe mit Speckwürfeln, Crème Fraîche, Wein, Reis und Zwiebel
tourtière *f*	Fleischtorte
tourtière au poulet *f*	Fleischtorte gefüllt mit Hühnerfleisch

Fleisch

bacon *m*	Speck
blanc de poulet *m*	Hühnerbrust
boudin noir *m*	Blutwurst
boulettes de viande *pl*	Fleischbällchen
brochette de viande *f*	Fleischspieß
burger *m*	Burger
entrecôte *f*	Entrecote
filet *m*	Filet
filet pané *m*	paniertes Filet
fricadelle *f*	Frikadelle
lardons *pl*	Speckwürfel
porc *m*	Schweinefleisch
saucisse *f*	Würstel
steak *m*	Steak
viande *f*	Fleisch
viande d'agneau *f*	Lammfleisch
viande de bœuf *f*	Rindfleisch
viande de dinde *f*	Putenfleisch
viande de poulet *f*	Hühnerfleisch

Reis, Fisch und Meeresfrüchte

anchois *m*	Anchovis / Sardelle
bar *m*	Seebarsch
crevettes roses *pl*	große Garnelen
crevette *f*	Garnele

crevettes grises *pl*	kleine Garnelen
dorade *f*	Goldbrasse
espadon *m*	Schwertfisch
fruits de mer *pl*	Meeresfrüchte
harengs *pl*	Hering
homard *m*	Hummer
merlu *m*	Seehechte
morue *f*	Kabeljau
pangasius *m*	Pangasius
petits anneaux de calamar	kleine Tintenfischringe
poulpe *m*	Oktopus
poisson *m*	Fisch
poisson cru au jus de citron	roher Fisch in Zitronensaft
riz *m*	Reis
sardines *pl*	Sardellen
saumon *m*	Lachs
sole *f*	Seezunge
thon *m*	Thunfisch

Nachspeisen

banane *f*	Banane
crème brûlée *f*	Crème brûlée
fraises sucrées avec de la crème fouettée/chantilly *pl*	eingezuckerte Erdbeeren mit Schlagsahne/Schlagobers
fruits *pl*	Obst
gâteau au fromage *m*	Käsetorte
melon *m*	Melone
morceaux de pêche dans leur propre jus *pl*	Pfirsichstücke in eigenem Saft
mousse au chocolat *f*	Schokoladenmousse
mousse au citron *f*	Zitronenmousse
pastèque *f*	Wassermelone
pudding à la vanille *m*	Vanillepudding
pudding au caramel *m*	Karamellpudding
riz au lait *m*	Milchreis
rondelles d'ananas dans leur propre jus *pl*	Ananasringe in eigenem Saft

salade de fruits *f*	Obstsalat
strudel aux pommes *m*	Apfelstrudel
yaourt *m*	Joghurt

In der Bar

À la vôtre ! / Santé !	Prost! / Zum Wohl!
Qu'est-ce que je peux t'offrir ?	Was kann ich dir bestellen?
Je vais prendre.../ Je prends...	Ich nehme...
Cette tournée est pour moi.	Diese Runde ist auf mich.
Une autre tournée, s'il vous plaît.	Noch eine Runde, bitte.
bière en fût *f*	Bier vom Fass
bouteille de bière *f*	Bierflasche
chope de bière *f*	Bierkrug
panaché *m*	Radler
schnaps *m*	Schnaps
sherry *m*	Sherry
spiritueux *pl*	Spirituosen
vin mousseux, champagne	Sekt, Champagner

Im Café / Kaffeehaus

Kaffeesorten

café *m*	Kaffee
café au lait	Milchkaffee
café au lait concentré	Kaffee mit Kondensmilch
café brandy	Kaffee mit Brandy
café décaféiné provenant d'une machine à café	entkoffeinierter Kaffee aus dem Kaffeeautomat
café filtre (avec de l'eau chaude)	Filterkaffee (mit warmem Wasser)
café glacé	Eiskaffee (serviert mit einem Glas Eiswürfel)
café instantané décaféiné en sachet	entkoffeinierter löslicher Kaffee aus einem Beutel
café irlandais	Kaffee mit Whisky
café macchiato	Kaffee mit ein bisschen aufgeschäumter Milch
cappuccino *m*	Cappuccino
expresso *m*	Espresso

expresso macchiato	Espresso mit viel Milchschaum

Teesorten

thé *m*	Tee
thé à la camomille	Kamillentee
thé à la menthe	Pfefferminztee
thé à la verveine	Eisenkrauttee
thé au citron	Tee mit Zitrone
thé au tilleul	Lindenblütentee
thé aux fruits	Früchtetee
thé blanc	weißer Tee
thé glacé	Eistee
thé noir	schwarzer Tee
thé rouge	roter Tee
thé vert	grüner Tee

Kuchen

meringue *f*	Meringe
mousse au chocolat *f*	Schokoladenschaum
tarte *f*	Torte
beignet *m*	Berliner, Krapfen
chou à la crème *m*	Windbeutel
croissant *m*	Croissant
donut *m*	Donut
flan *m*	Flan
gâteau *m*	Kuchen
muffin *m*	Muffin
pain au chocolat *m*	Blätterteig gefüllt mit Schokolade
pain perdu *m*	Arme Ritter
éclair au chocolat *m*	Schokoladen-Éclair
biscuits *pl*	Kekse

Andere Getränke

milkshake *m*	Milchshake
milkshake au chocolat *m*	Schokoladenmilchshake

Übungen & Spiele

1. Diesmal schlage ich dir ein Rollenspiel vor. Such eine(n) PartnerIn und übernehmt die Rollen von Kellner und Kunde in einer Bar und/oder Restaurant. Blättert das Vokabular und die üblichen Sätze zu den jeweiligen Rollen durch und simuliert ein kleines Gespräch. Indem du diese neuen Kenntnisse nicht nur liest, sondern auch aktiv übst, wirst du feststellen, dass du es schneller lernst. So kannst du dich später vor Ort beim Bestellen besser verständigen. Optimal wäre es, wenn ihr die Rollen tauscht und ein zweites Gespräch führt.

2. Verbinde die deutschen mit den französischen Wörtern:

Radler	la cuillère à café
Putenfleisch	le verre
Lachs	moutarde
Teelöffel	boire
Glas	panaché
Hauptgericht	jus d'orange
Senf	saumon
trinken	le plat principal
Käse	fromage
Orangensaft	viande de dinde

3. Woher kommen diese Gerichte?

carbonade flamande	fondue
choléra	poutine
waterzoï de poulet	soupe de chalet
cassoulet	chicons à la béchamel
tourtière	tartiflette
choucroute	cretons

Frankreich	Belgien	Canada	Schweiz

4. Übersetze ins Französische :

Arme Ritter ______________________

Bierflasche ______________________

Thunfisch ______________________

Hühnerbrust ______________________

Kartoffeln ______________________

Gemüse ______________________

Getränkekarte ______________________

Stufe 5

Stadt, Berg oder Strand?

Nachdem du schon das Gepäck abgestellt hast und dich schon satt fühlst, ist es Zeit für eine Stadtbesichtigung. Oder vielleicht machst du Ausflüge in die Natur oder eine Wanderung. Oder du willst dich einfach am Strand entspannen unter dem Sonnenschirm. Alles dazu findest du in dieser Stufe.

Stadt

Top Sätze

Est-il permis de prendre des photos avec flash ici ?	Darf man hier Fotos mit Blitz machen?
Avez-vous des réductions pour les groupes/les personnes âgées/les enfants/les étudiants ?	Haben Sie Ermäßigungen für Gruppen/ältere Leute/Kinder/ Studenten?
Bonjour, je cherche la cathédrale, pouvez-vous me dire comment y aller ?	Hallo, ich suche den Dom, können Sie mir sagen, wie ich dorthin komme?
Je suis perdu(e).	Ich habe mich verlaufen.
Je cherche l'office du tourisme.	Ich suche die Touristeninformation.
Pourriez-vous me donner un plan de la ville, s'il vous plaît ?	Könnten Sie mir bitte einen Stadtplan geben?
Pourriez-vous nous prendre une photo ?	Könnten Sie von uns ein Foto machen?

Sehenswürdigkeiten

allée *f*	Allee
basilique *f*	Basilika
bibliothèque *f*	Bibliothek
cathédrale *f*	Kathedrale, Dom
château *m*	Burg

église *f*	Kirche
galerie d'art *f*	Kunsthalle
gratte-ciel *m*	Wolkenkratzer
jardin *m*	Garten
mairie *f*	Rathaus
mosquée *f*	Moschee
mur *m*	Mauer
musée *m*	Museum
musée archéologique *m*	archäologisches Museum
musée des sciences *m*	Wissenschaftsmuseum
musée d'histoire de l'art *m*	kunsthistorisches Museum
musée d'histoire naturelle *m*	naturhistorisches Museum
musée historique *m*	historisches Museum
obélisque *m*	Obelisk
palais *m*, **château**	Palast, Schloss
parc *m*	Park
place *f*	Platz
pont *m*	Brücke
porte *f*	Tor
promenade *f*	Promenade
rue *f*	Straße
ruines *pl*	Ruinen
sites touristiques, monument *m*	Sehenswürdigkeiten, Denkmal
statue *f*	Statue
synagogue *f*	Synagoge
temple *m*	Tempel
théâtre *m*	Theater
tour de l'horloge *m*	Uhrturm
tour de télévision	Fernsehturm
université *f*	Universität

Museen & Kunsthallen

Combien coûte le billet d'entrée?	Was kostet die Eintrittskarte ?
Y a-t-il des expositions temporaires en cours en ce moment ?	Gibt es gerade irgendwelche temporären Ausstellungen?

(Veuillez) ne pas toucher.	Bitte nicht berühren.
art *m*	Kunst
artiste *m*	Künstler
cadre *m*	Bilderrahmen
céramique *f*	Keramik
chef-d'œuvre *m*	Meisterwerk
dessin *m*	Zeichnung
dessinateur *m*	Zeichner
don *m*	Spende
entrée gratuite *f*	kostenloser Eintritt
faire un don	spenden
gratuit	kostenlos
image *f*	Bild
imprimé *m*	Druck
menuiserie *f*	Holzarbeit
peintre *m*	Maler
peinture *f*	Gemälde
portrait *m*	Porträt
potier *m*	Töpfer
sculpteur *m*	Bildhauer
sculpture *f*	Skulptur
vestiaire *m*	Garderobe

Kunstströmungen

Art classique	klassische Kunst
Art moderne	moderne Kunst
Baroque *m*	Barock
Cubisme *m*	Kubismus
Expressionnisme *m*	Expressionismus
Gothique *m*	Gothik
Impressionnisme *m*	Impressionismus
Renaissance *f*	Renaissance
Art roman	Romanik

Tours

Avez-vous des guides audio en allemand ?	Haben Sie Audioführer auf Deutsch?
Quand commence la prochaine visite guidée de la ville ?	Wann beginnt die nächste Stadtführung?
Qu'est-ce qui est inclus dans la visite ?	Was ist bei der Tour dabei?
Combien de temps dure la visite de la ville ?	Wie lange dauert die Stadtführung?
arrêt *m*	Haltestelle
bus touristique *m*	Hop-on/Hop-Off-Bus
disponibilité *f*	Verfügbarkeit
excursion à terre *f*	Landausflug
excursion d'une journée	Tagesausflug
guide touristique *m*	Reiseführer
pourboire *m*	Trinkgeld
tour en bateau	Bootstour
tour en vélo	Fahrradtour
visite guidée gratuite de la ville	kostenlose Stadtführung[16]

Reisen

...mit älteren Menschen

Appelez un médecin.	Rufen Sie einen Arzt.
Au secours !	Hilfe!
coup de chaleur *m*	Hitzeschlag
croisière *f*	Kreuzfahrt
médicaments	Medikamente,Arzneimittel
personnes âgées	ältere Menschen
source *f* **/ bain** *m* **thermal(e)**	Therme
spa *m*	Spa
station thermale *f*	Kurort

...mit Behinderten

accessible	barrierefrei

[16] die Touristen zahlen normalerweise Trinkgeld

accessible aux fauteuils roulants	rollstuhlgerecht
ascenseur *m*	Aufzug
assistance aux personnes handicapées *f*	Hilfe für Behinderte
chien guide *m*	Blindenhund
handicapés *pl*	Behinderte
rampe d'accès *f*	Zufahrtsrampe
service de fauteuils roulants *m*	Rollstuhlservice
téléphone d'urgence *m*	Notruftelefon
toilettes pour handicapés *pl*	Behindertentoilette

...mit Kindern

ferme *m*	Bauernhof
parc aquatique	Aquapark
parc d'attractions	Vergnügungspark
parc d'escalade	Kletterpark
piscine pour enfants *f*	Kinderschwimmbad
terrain de jeu *m*	Spielplatz
zoo *m*	Zoo

Berg oder Strand?

Es gibt zwei Arten von Urlaubern: die Bergliebhaber und Strand-liebhaber. Für alle gibt es auf jeden Fall Stoff hier für den erwünschten Urlaub.

Das Wetter

Il fait ... degrés.	Es sind ... Grad.
Il fait chaud.	Es ist heiß.
Il fait froid.	Es ist kalt.
Il neige.	Es schneit.
Il pleut.	Es regnet.
Il y a du vent.	Es ist windig.
J'ai chaud.	Mir ist heiß.
J'ai froid.	Mir ist kalt.

Quel temps fait-il aujourd'hui ?	Wie ist das Wetter heute?
brouillard *m*	Nebel
chaleur *f*	Hitze
ensoleillé	sonnig
froid *m*	Kälte
gel *m* **/ givre** *m*	Frost
grêle *f*	Hagel
humidité *f*	Feuchtigkeit
inondation *f*	Überschwemmung
neige *f*	Schnee
neige fondue / neige mélangée	Schneeregen
nuages *pl*	Wolken
nuageux	bewölkt
pluie *f*	Regen
précipitations *pl*	Niederschläge
pression atmosphérique *f*	Luftdruck
prévisions météorologiques *pl*	Wettervorhersage
soleil *m*	Sonne
température *f*	Temperatur
tempête *f*	Sturm
tornade *f*	Tornado
tsunami *m*	Tsunami
vent *m*	Wind
zone de basse pression *f*	Tiefdruckgebiet
zone de haute pression, anticyclone *m*	Hochdruckgebiet, Antizyklone

Für Bergliebhaber

Nous avons prévu un itinéraire de 20 kilomètres.	Wir haben eine 20 Kilometer lange Strecke geplant.
bâtons de randonnée	Wanderstöcke
bonnet *m*	Mütze
bottes / chaussures de randonnée	Wanderstiefel
boussole *f*	Kompass
chaussettes	Socken
chemise à manches longues *f*	Langarmshirt

corde *f*	Seil
couteau suisse *m*	Schweizer Messer
crampons	Steigeisen
culotte *f*	Damenslip
descendre une montagne	bergab gehen
écharpe *f*	Schal
étape *f*	Etappe
faire de la randonnée	wandern
faire du ski / skier	Ski fahren
foulard *m*	Halstuch
gants	Handschuhe
GPS *m*	Navi
harnais d'escalade *m*	Klettergurt
hauteur *f*	Höhe
lampe frontale *f*	Stirnlampe
maillot de corps *m*	Unterhemd
montagne *f*	Berg
monter une montagne	bergauf gehen

pantalon de randonnée imperméable *m*	wasserdichte Wanderhosen
paysage *m*	Landschaft
piolet *m*	Eispickel
plan *m* **/ carte** *f*	(Land)karte
plat	flach
pointe *f* **/ sommet** *m*	Spitze
pull *m*	Pullover
raide	steil
randonnée *f*	Wanderung
randonneur *m*	Wanderer
sac à dos *m*	Rucksack
sac de couchage	Schlafsack
short (de randonnée) *m*	(Wander)shorts
ski *m*	Ski
slips *pl*	Unterhosen
sommet	Gipfel
soutien-gorge *m*	BH
téléphérique *m*	Seilbahn
trousse de premiers secours *f*	Erste-Hilfe-Set
t-shirt absorbant la transpiration *m*	schweißabsorbierendes T-Shirt
veste de randonnée *f*	Wanderjacke
veste polaire	Fleecejacke
vêtements *pl*	Kleidung, Klamotten
walkie-talkie *m*	Walkie-Talkie

Für Strandliebhaber

ballon de plage *m*	Strandball
bar de la plage *m*	Strandbar
bateau à moteur *m*	Motorboot
bâtonnet de glace / d'esquimau *m*	Eis am Stiel
bikini *m*	Bikini
bouée *f*	Schwimmring
bronzage *m*	Bräunung
bronzer	sich bräunen
cerf-volant *m*	Drachen
chaise longue *f*	Liegestuhl

château de sable *m*	Sandburg
claquettes *pl*	Flip-Flops
côte *f*	Küste
coup de soleil *m*	Sonnenbrand
écran solaire *m*	Sonnenschutzcreme
frisbee *m*	Frisbee
glace *f*	Eis
glaçon *m*	Eiswürfel
houle *f* **/ déferlement** *m*	Brandung
mer *f*	die See
mer *f*	Meer
lac *m*	der See
lunettes de soleil *pl*	Sonnenbrille
maillot de bain *m*	Badehose
marée basse *f*	Ebbe
marée haute	Flut
marées	Gezeiten
nudiste	FKK
océan *m*	Ozean
parasol *m*	Sonnenschirm

paréo *m*	großes Tuch, das von Frauen am Strand getragen wird (eine Art Kleid)
plage *f*	Strand
plage nudiste	FKK-Strand

planche de surf *f*	Surfbrett
plongée *f*	Tauchen
promenade *f*	Promenade
rive *f*	Ufer
sable *m*	Sand
sauveteur *m*	Rettungsschwimmer
seau *m*	Eimer
serviette *f*	Handtuch
vagues *pl*	Wellen

Übungen & Spiele

1. Übersetze ins Französische:

Kunsthalle

Zeichner

Garderobe

Reiseführer

rollstuhlgerecht

Spielplatz

Es ist heiß.

Stirnlampe

Schweizer Messer

Flut

2. Das Krümelmonster war heute so hungrig, dass er Buchstaben von den Wörtern unten verschlungen hat. Kannst du vielleicht die fehlenden Buchstaben zu den Wörtern ergänzen? (Bereich: Lebensmitteln oder Getränke) -Hinweis: nach dem Wort ist angegeben, wie viele Buchstaben insgesamt fehlen-.

z.B.: 0. P_ _as_l (3) → **Parasol**

1. M_ _rie (2)

8. A_ _en_eur (3)

2. _gli_e (2)
3. T_ _r de l'ho_lo_e (4)
4. _nt_ée grat_ _te (4)
5. S_ul_tu_e (3)
6. Cr_ _ _ière (3)
7. M_dic_m_ _ts (4)

9. Par_ a_ _atique (3)
10. Pl_ _e (2)
11. Ch_ _s_e_t_s (5)
12. S_c de co_ _ _age (4)
13. Écr_ _ sol_ _re (4)

3. Ergänze die Lücken mit den fehlenden Wörtern auf Französisch:

Je cherche l'____________________. *(Touristeninformation)*

Je suis ____________________________. *(verlaufen)*

Combien coûte le ________________? *(Eintrittskarte)*

Avez-vous des ________________ en _________________ ? *(Audioführer / Deutsch)*

Nous avons prévu un _______________ de 30 kilomètres. *(Strecke)*

Stufe 6

Einkaufen gehen

Genug mit dem Sightseeing? Das Wichtigste zum Thema Shoppen findest du in dieser Stufe.

Im Kaufhaus

Puis-je vous aider ? / Je peux vous aider ?	Darf ich Ihnen behilflich sein?
Je veux juste regarder.	Ich will einfach gucken/schauen.
agence de voyage *f*	Reisebüro
aller faire des courses	einkaufen gehen
arcade de jeux *f*	Spielhalle
articles ménagers *pl*	Hausrat
bijouterie *f*	Juweliergeschäft
cinéma *m*	Kino
droguerie *f*	Drogerie
grand magasin *m*	Kaufhaus
laverie *f* **/ pressing** *m*	Wäscherei
librairie *f*	Buchladen
liquidation des stocks *f*	im Ausverkauf
magasin *m* **/ boutique** *f*	Geschäft, Laden
magasin de meubles	Einrichtungshaus
nettoyage *m*	Reinigung
opticien *m*	Optiker
outils de cuisine	Küchenutensilien
papeterie *f*	Schreibwaren
salon de coiffure / coiffeur *m*	Friseursalon
service client *m*	Kundenservice
soldes saisonnières *pl*	Saisonausverkauf

Bekleidungsgeschäft

Je peux l'essayer ?	Darf ich es anprobieren?
Cette robe me grossit.	Das Kleid macht mich dick.
Cette robe m'amincit.	Das Kleid macht mich schlank.

Les pyjamas sont en solde.	Die Schlafanzüge sind im Angebot.
Ce vêtement est défectueux. En avez-vous un autre ?	Dieses Kleidungsstück ist schadhaft. Haben Sie vielleicht ein anderes?
Cela vous va comme un gant.	Es passt dir wie angegossen.
Cela ne me va pas bien.	Es passt mir nicht gut.
Cela vous va bien.	Es steht Ihnen gut.
Taille XS/S/M/L/XL.	Größe XS/S/M/L/XL.
Avez-vous ce vêtement en vert ?	Haben Sie dieses Kleidungsstück in grün?
Avez-vous une taille supérieure ?	Haben Sie eine größere Größe?
Avez-vous une taille plus petite ?	Haben Sie eine kleinere Größe?
J'aimerais échanger cette jupe, s'il vous plaît.	Ich würde gern diesen Rock umtauschen, bitte.
J'aimerais rendre ce t-shirt, s'il vous plaît.	Ich würde gern dieses T-Shirt zurückgeben, bitte.
Oui, bien sûr.	Ja, natürlich.
Pourriez-vous l'emballer en papier cadeau ?	Könnten Sie es mir als Geschenk verpacken?
Vous pouvez me donner un sac ?	Könnten Sie mir eine Tüte/Sackerl geben?
Quel est le délai de retour ?	Was ist die Rückgabefrist?
Quel est le délai d'échange ?	Was ist die Umtauschfrist?
Nous n'acceptons pas les retours, seulement les échanges.	Wir akzeptieren keine Rückgaben, nur Umtausch.
Où sont les cabines d'essayage ?	Wo sind die Umkleidekabinen?
bonnet *m*	Mütze
bottes *pl*	Stiefel
bottes en caoutchouc	Gummistiefel
ceinture *f*	Gürtel
chapeau *m*	Hut
chaussures	Schuhe
chemise *f*	Hemd
chemisier *m*	Bluse
collant *m*	Strümpfe
costume *m*	Anzug
cravate *f*	Krawatte

gilet *m*	Weste
jupe *f*	Rock
lingerie *f*	Damenwäsche
magasin de vêtements	Bekleidungsgeschäft
manteau *m*	Mantel
mode féminine *f*	Damenmode
mode masculine	Herrenmode
nœud papillon *m*	Fliege, Mascherl
pantalon *m*	Hose
pull-over *m*	Pullover
pyjama *m*	Schlafanzug
robe *f*	Kleid
talon *m*	Absatz
tennis *m* **/ basket** *f*	Turnschuhe
veston *m* **/ veste** *f*	Sakko
vêtements *pl*	Kleidung

Buchhandlung

Je cherche un best-seller. Quel livre pouvez-vous me recommander ?	Ich suche einen Bestseller. Welches Buch empfehlen Sie mir?
On peut feuilleter les livres ?	Darf man die Bücher durchblättern?
bloc *m*	Block
cahier de jeux / de devinettes *m*	Rätselbuch
cahier d'exercices *m*	Arbeitsbuch
dictionnaire *m*	Wörterbuch
journal *m*	Zeitung
livre *m*	Buch
livre / manuel de langue *m*	Sprachbuch
livre de cuisine	Kochbuch
livre de développement personnel	Selbsthilfebuch
livre de poche	Taschenbuch
livre de voyage	Reisebuch
magazine *m*	Zeitschrift
manuel scolaire	Lehrbuch
roman *m*	Roman

Im Elektromarkt

accessoires *pl*	Zubehör
adaptateur de voyage *m*	Reiseadapter
appareil photo *m*	Fotoapparat
assistant vocal *m*	Sprachassistent
CD audio *m*	Audio-CD
comédie *f*	Komödie
disque vinyle *m*	Schallplatte
documentaire *m*	Doku
drone *m*	Drohne
écouteurs *pl*, **casques** *pl*	Kopfhörer
film d'action *m*	Actionfilm
film de science-fiction	Science-Fiction-Film
films érotiques	Erotikfilme
films pour enfants	Kinderfilme
gros appareils ménagers	Haushaltsgroßgeräte
haut-parleur *m*	Lautsprecher
imprimante *f*	Drucker
interdit au moins de 18 ans	FSK ab 18 freigegeben
tout public	FSK ab 0 freigegeben
lecteur DVD *m*	DVD-Player
moniteur *m*	Monitor
(ordinateur) portable *m*	Laptop, Notebook
piles, batteries	Batterien
power bank *f*	Powerbank
pré écouter un CD audio	Eine Audio-CD vorhören
rallonge électrique *f*	Verlängerungskabel
scanner *m*	Scanner
série télé, série télévisée *f*	TV-Serien
smartphone *m*	Smartphone
tablette *f*	Tablet
téléphone portable *m*	Handy
thriller *m*	Krimi

Souvenirshop

aimant *m*	Magnet
badge *m*	Button
carte postale *f*	Postkarte
dé à coudre *m*	Fingerhut
dessous de verre *m*	Bierdeckel
éventail *m*	Fächer
miniature *f*	Miniatur
panneaux en étain *pl*	Blechschilder
pin's *m*	Anstecker
porte-clés *m*	Schlüsselanhänger
sous-verre *m*	Untersetzer
souvenir *m*	Souvenir
timbre *m*	Briefmarke

Am Markt

Jusqu'à quand le marché reste-t-il ouvert ?	Bis wann bleibt der Markt offen?
Avez-vous besoin du reçu ?	Brauchen Sie den Beleg?
Je veux un kilo d'oranges, s'il vous plaît.	Ich will bitte ein Kilo Orangen.
À quelle heure le marché ouvre-t-il ?	Um wie viel Uhr wird der Markt geöffnet?
Combien cela pèse-t-il ?	Wie schwer ist das?
Où puis-je acheter des produits locaux ?	Wo kann ich lokale Produkte kaufen?
boucherie *f*	Metzgerei
boulangerie *f*	Bäckerei
bouquet de fleurs *m*	Blumenstrauß
fleuriste *m*	Blumengeschäft
fleurs	Blumen
grande surface *f*	Großmarkt
magasin de fruits	Obstladen
marché *m*	Markt
marché aux poissons	Fischmarkt

pâtisserie *f*	Konditorei
salon de thé *m*	Teestube

Am Flohmarkt

marché aux puces	Flohmarkt
Je vous en donne... (+*montant d'argent*)	Ich gebe Ihnen... (+*Menge Geld*)
Je dois y réfléchir.	Ich muss es mir überlegen.
Pouvez-vous baisser le prix ?	Können Sie den Preis senken?
C'est bon, je le prends.	Passt, ich nehme es.
Désolé(e), c'est trop cher pour moi.	Sorry, es ist mir zu teuer.
Quel prix suggérez-vous pour cet article ?	Was ist Ihr Preisvorschlag für diese Ware?

Im Supermarkt

caddie *m*	Einkaufswagen
caisse *f*	Kasse
caissier *m*	Kassierer
rayon *m*	Regal
tapis de caisse *m*	Kassenband, Förderband

Für Fleischliebhaber

bœuf *m*	Rindfleisch
boîte de conserve *f*	Konserven
canard *m*	Ente
côtelette *f*	Kotelett
crabe *m*	Krabbe
foie gras *m*	Stopfleber
huîtres	Austern
lapin *m*	Kaninchen
oie *f*	Gans
pâté *m*	Streichwurst
pilon *m*	Hähnchenkeule
poisson *m*	Fisch

porc *m*	Schweinefleisch
poulet *m*	Hühnchen
romsteck *m*	Rumpsteak
sardines	Sardinen
saucisson *m*	Salami
thon *m*	Thunfisch
travers de porc *m*	Rippchen
truite *f*	Forelle
viande *f*	Fleisch
viande hachée	Hackfleisch

Für Vegetarier

beurre *m*	Butter
crème *f*	Sahne
crème aigre	saure Sahne, Sauerrahm
crème fraîche	Crème fraîche (eine Art Sauerrahm)
fromage à pâte dure *m*	Hartkäse
fromage à pâte molle	Weichkäse
fromage bleu, bleu	Blauschimmelkäse
lait *m*	Milch
lait demi écrémé	Halbfettmilch
lait écrémé	Magermilch
lait entier	Vollmilch
miel *m*	Honig
saindoux *m*	Schmalz

Für Veganer

abricot *m*	Aprikose, Marille
ail *m*	Knoblauch
amande *f*	Mandeln
avocat *m*	Avocado
bambou *m*	Bambus
brocoli *m*	Broccoli
carottes	Karotten, Möhren
céréales *pl*	Getreide

cerise *f*	Kirsche
châtaignes	Maroni, Kastanien
chou fleur *m*	Blumenkohl, Karfiol
chou de Bruxelles	Rosenkohl
ciboulette *f*	Schnittlauch
concombre *m*	Gurke
flocons d'avoine	Haferflocken
framboise *f*	Himbeeren
fruits à coque	Nüsse
gingembre *m*	Ingwer
graine de chia *f*	Chia-Samen
houmous *m*	Hummus
kiwi *m*	Kiwi
laitue *f*	Kopfsalat
légumineuses	Hülsenfrüchte
maïs *m*	Mais
mandarine *f*	Mandarine
noix de coco *f*	Kokosnuss
ognon *m*	Zwiebel
pain complet *m*	Vollkornbrot
pamplemousse *m*	Grapefruit
petit pois *m*	Erbse
poire *f*	Birne
poireau *m*	Lauch
poivron *m*	Paprika
pomme *f*	Apfel
prune *f*	Pflaume
quinoa *m*	Quinoa
raisin *m*	Trauben
riz complet *m*	Vollkornreis
tofu *m*	Tofu
tomate *f*	Tomate, Paradeiser

Übungen & Spiele

1. Finde 20 Wörter dieser Stufe im Buchstabensalat. Achtung: der letzte Buchstabe eines Wortes kann auch derselbe wie der erste eines anderen Wortes sein:

P	D	L	A	I	T	C	F	E	G	D	B	U	Y	A	G	C	T	D
A	B	S	L	Z	I	E	O	X	V	N	P	I	M	R	V	Z	Y	I
M	O	M	I	E	L	V	G	C	B	C	G	A	L	F	M	H	O	C
P	N	F	C	O	H	C	N	I	A	P	N	X	P	O	U	L	E	T
L	E	L	R	U	E	D	Y	R	F	D	I	C	M	U	N	T	R	I
E	S	O	Y	O	N	R	L	A	E	L	D	E	R	B	V	Y	I	O
M	D	B	H	B	M	B	C	S	H	O	H	I	M	V	I	E	H	N
O	U	D	R	F	S	A	H	X	D	L	T	S	E	Y	A	T	U	N
U	E	Y	H	P	O	U	G	P	P	I	R	Q	H	O	N	G	X	A
S	I	G	B	H	G	X	P	E	O	V	I	Q	F	C	D	H	N	I
S	A	U	C	I	S	S	O	N	R	E	V	M	Y	S	E	E	L	R
E	F	X	D	Q	H	Z	I	U	M	S	X	H	I	B	R	P	R	E
S	S	P	G	N	Q	L	G	B	I	P	F	S	P	H	Q	D	T	M
C	E	Z	U	T	H	O	N	E	Y	C	O	N	C	O	M	B	R	E
T	V	B	N	G	M	U	O	V	H	B	E	S	I	U	R	L	E	B
I	B	M	H	C	B	X	N	D	M	B	E	R	B	H	F	N	X	I
M	A	I	S	P	E	S	S	L	H	O	S	U	E	C	H	R	I	Z
B	H	T	N	V	U	G	M	T	Z	R	N	P	R	D	L	Y	G	O
R	D	L	E	G	U	M	E	S	V	B	L	G	O	R	U	C	F	V
E	C	M	V	H	F	S	D	B	O	U	L	A	N	G	E	R	I	E

PAMPLEMOUSSE
LAIT
SAUCISSON
CADDIE
BOULANGERIE
TIMBRE
DICTIONNAIRE
MAÏS
CONCOMBRE
OGNONS
AMANDES
FROMAGE
BEURRE
POULET
VIANDE
LÉGUMES
RIZ
THON
OLIVES
MIEL

2. Verbinde die deutschen mit den französischen Worten:

raisin	Birne
viande hachéee	Sauerrahm
pâtisserie	Vollkornreis
poire	Schlüsselanhänger
riz complet	Hackfleisch
crème aigre	Ingwer
porte-clés	Konditorei
gingembre	Trauben

3. Übersetze die folgenden deutschen Wörter:

Maroni ____________________

Konserven ____________________

Flohmarkt ____________________

Metzgerei ____________________

Sprachbuch ____________________

Bluse ____________________

Buchladen ____________________

Kino ____________________

Stufe 7

Sport und Veranstaltungen

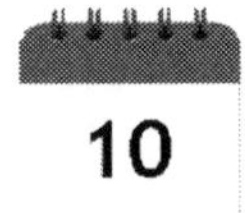

Nicht jeder Einreisende will zum Strand, wandern oder die Stadt besichtigen. Einige wollen einfach ein Fußballspiel genießen oder zu einem Konzert gehen. Hier lernst du Begriffe und Ausdrücke zu diesen und anderen Veranstaltungen.

Sport

Fußball

but *m*	Treffer
champion *m*	Meister
occasion *f*	Vorlage
coupe *f*	Pokal
défaite *f*	Niederlage
faute *f*	Foul
parade *f*	Parade
passe *f*	Pass
possession du ballon *f*	Ballbesitz
première mi-temps *f*	1. Halbzeit
prolongation *f*	Verlängerung
saison *f*	Saison
seconde mi-temps *f*	2. Halbzeit
surface de reparation *f*	Strafraum, Sechzehner
victoire *f*	Sieg
arbitre *m*	Schiedsrichter
attaquant *m*	Stürmer
ballon *m*	Ball
banc des remplaçants *m*	(Auswechsel)bank
capitaine *m*	Kapitän
carton jaune *m*	gelbe Karte
carton rouge *m*	rote Karte
classement *m*	Tabelle
club *m*	Verein
corner *m*	Ecke, Eckball
coup franc *m*	Freistoß

défenseur *m*	Verteidiger
derby *m*	Derby
football *m*	Fußball (Sport)
gardien de but *m*	Torwart
hors-jeu *m*	Abseits
joueur *m*	Fußballspieler
maillot *m*	Trikot
match *m*	Spiel
match à l'éxterieur *m*	Auswärtsspiel
onze de départ *m*	Startelf
penalty *m*	Elfmeter
remplaçant *m*	Auswechselspieler
remplacement *m*	Auswechslung
short *m*	Shorts
sifflet *m*	Pfeife
sport *m*	Sport
stadium *m*	Stadion
supporteur *m*	Fan
temps additionel *m*	Nachspielzeit
terrain *m*	Fußballfeld
tir *m*	Schuss
entraîneur *m*	Trainer
équipe *f*	Mannschaft
buts *pl*	Tor (Gehäuse)
crampons *pl*	Stollenschuhe
milieux *pl*	Mittelfeldspieler
marquer un but	ein Tor schießen
match à domicile *m*	Heimspiel
match nul	Remis, Unentschieden
meilleur buteur *m*	Torjäger
mi-temps *f*	Halbzeit
premier du classement *m*	Tabellenführer

Radsport

cyclisme *m*	Radsport
chaîne *f*	Kette
pédale *f*	Pedal

roue *f*	Rad
selle *f*	Sattel
tête de la course *f*	Spitzenreiter
arrivée *f*	Ankunft
casque *m*	Helm
départ *m*	Abfahrt
grimpeur *m*	Bergsteiger
guidon *m*	Lenker
maillot à pois *m*	Polka-Dot-Trikot
maillot blanc	weißes Trikot
maillot jaune	gelbes Trikot
maillot vert	grünes Trikot
peloton *m*	Zug
sprinteur *m*	Sprinter
vainqueur *m*	Sieger
vélo *m*	Fahrrad
l'étape *f*	Etape

Andere Sportaktivitäten

tennis *m*	Tennis
raquette *f*	Schläger
filet *m*	Netz
cour *m*	Tennisplatz
golf *m*	Golf
club *m*	Club
parcours *m*	Golfplatz
trou *m*	Loch
natation *f*	Schwimmen
nageur *m*	Schwimmer
piscine *f*	Schwimmbad
maillot de bain *m*	Badeanzug

Konzerte

complet / à guichet fermé	voll / ausverkauft
fosse *f*	die Grube
place *f*	der Ort
réservation *f*	die Reservierung
salle *f*	der Raum
scène *f*	die Bühne
tournée *f*	die Tour
artiste *m/f*	der Künstler / die Künstlerin
avant première *f*	die Vorschau
billet *m*	das Ticket
chanteur *m* **/ chanteuse** *f*	der Sänger / die Sängerin
concert *m*	das Konzert
costume *m*	das Kostüm
haut-parleur *m*	der Lautsprecher
micro(phone) *m*	das Mikrofon
premier / dernier rang *m*	die erste / letzte Reihe
éclairage *m*	die Beleuchtung
choristes *pl*	die Chorsänger*innen
coulisses *pl*	Backstage
fans *pl*	die Fans
orchestre *m*	das Orchester
vendu(s)	ausverkauft (*Sing. / Pl.*)
Une autre, une autre!	Zugabe, Zugabe!

Übungen & Spiele

1. Besuche Sportwebseiten auf Französisch und sieh sie durch. Egal wenn du nicht alles verstehst, die Hauptsache ist, dass du die gelernten Dinge in den Texten identifizierst und so dieses Vokabular verinnerlichst. Diese sind einige der bekanntesten Sportwebseiten:

L'équipe	(Frankreich)
France Football	(Frankreich)
Maxifoot	(Frankreich)

La Libre	(Belgien)
rts.ch/sport	(Schweiz)
rds.ca	(Kanada)

2. Ergänze die Sätze:

Les __________ échangent leurs maillots à la fin du match. (*Spieler*)

Le gardien reste dans les buts pour arrêter le ____________. (*Ball*)

Il faut mettre son ____________ pour se protéger la tête. (*Helm*)

Au golf, il y a 18 ____________. (*Löcher*)

Le chanteur monte sur la ___________. (*Bühne*)

Tous les __________ ont été vendus. Le concert est _____________. (*Tickets / ausverkauft*).

Vokabular

échanger	umtauschen
arrêter	stoppen
protéger	beschützen

3. Verbinde die deutschen Worte mit den französischen:

La scène	die Reservierung
La réservation	Sieger
L'attaquant	Lenker
Le vainqueur	Stehbolzen
Le guidon	die Bühne
Les crampons	Stürmer

4. Ergänze das Kreuzworträtsel mit den Wörtern dieser Stufe (auf der nächsten Seite, 90 Grad gedreht für eine bessere Lesbarkeit):

Stufe 8

Es ist Partyzeit!

Schon angekommen, viel besichtigt und gut gegessen und getrunken? Vielleicht willst du dich schon entspannen, feiern und eine lokale Party genießen. Hier findest du nützliche Tipps, um dich mit den Einheimischen zu unterhalten und, wenn du willst, auch zu flirten ☺. Achtung: der Abschnitt „Flirten" ist nicht ganz für Kinder geeignet!

Top Sätze

Est-ce qu'il y a des bars gay dans la ville ?	Gibt es Gay-Bars in der Stadt?
J'ai envie de danser la salsa.	Ich habe Lust auf Salsa.
On se retrouve à quelle heure ce soir ?	Um wie viel Uhr treffen wir uns heute Nacht?
Qu'est-ce qu'il se passe ce soir ?	Was ist los heute Nacht?
Quelle fête/soirée aura lieu ce soir ?	Welche Party gibt's heute Nacht?
Tu veux que je vienne te prendre ?	Willst du, dass ich dich abhole?
Où est-ce que je peux aller en boîte ?	Wo gibt's eine gute Disko?
Où est-ce que je peux trouver un pub irlandais/bar pour boire une petite bière ?	Wo gibt's einen Irish Pub, um ein Bierchen zu trinken?
Où est-ce qu'on se retrouve ?	Wo sehen wir uns?

Neue Leute kennen lernen

Tu as quel âge ?	Wie alt bist du?
Enchanté(e).	Freut mich.
Je vais passer une semaine ici.	Ich verbringe eine Woche hier.
Je te présente mon ami (*+Name*).	Ich stelle dir meinen Freund[17] vor.
D'où est-ce que tu viens ?	Woher kommst du ?
Tu habites ici ?	Wohnst du hier?
J'habite…	Ich wohne…

[17] WICHTIG: „Kumpel/Freundin": **ami(e)**; „Freund/Freundin": **copain/copine**; „Verbote/r": **fiancé(e)**

en Allemagne/Autriche/Suisse	in Deutschland/Österreich/ der Schweiz
C'est quoi ton métier ?	Was machst du beruflich?
Je travaille comme…	Ich arbeite als…
avocat *m*, **avocate** *f*	Rechtsanwalt, Rechtsanwältin
acteur *m*, **actrice** *f*	SchauspielerIn
travailleur indépendant *m*	Selbstständiger
cuisinier *m*, **cuisinierère** *f*	Koch, Köchin
dentiste *m/f*	Zahnarzt, Zahnärztin
platiniste *m/f*	DJ
homme *m* **/ femme** *f* **d'affaire**	Geschäftsmann, Geschäftsfrau
pharmacien(ne)	ApothekerIn
physiothérapeute *m/f*	PhysiotherapeutIn
fonctionnaire *m/f*	Beamter, Beamtin
fermier(ère), agriculteur(trice)	Bauer, Bäuerin/Bäurin
informaticien(ne)	InformatikerIn
ingénieur *m/f*	IngenieurIn
médecin *m/f*	Arzt, Ärztin
musicien(ne)	MusikerIn
coiffeur *m*, **coiffeuse** *f*	FriseurIn
journaliste *m/f*	JournalistIn
policier *m*, **policière** *f*	PolizistIn
professeur *m*, **professeure** *f*	LehrerIn
psychologue *m/f*	Psychologe, Psychologin
vétérinaire *m/f*	Tierarzt, Tierärztin

Flirten

Das Eis brechen: Pickup-Lines

Salut, je peux t'inviter à boire un verre/cocktail ?	Hallo, darf ich dich auf einen Cocktail einladen?
Tu as du feu ?	Hast du Feuer?
Tu fais des études ou tu travailles ?	Studierst du oder arbeitest du?

Romantisch

beau / belle	hübsch
beauté *f*	Schönheit

Tu es le prince / la princesse de mon cœur.	Du bist der Prinz/die Prinzessin meines Herzens.
Tu ressembles à un ange tombé du ciel.	Du bist wie ein Engel, der vom Himmel fiel.
Tu me provoques un sourire.	Du bringst mich zum Lächeln.
Tu as un beau sourire.	Du hast ein schönes Lächeln.
Tu as de beaux yeux.	Du hast wunderschöne Augen.
Je voudrais me réveiller à tes côtés chaque matin.	Ich würde gerne jeden Morgen neben dir aufwachen.
Tu veux bien me montrer le chemin pour arriver à ton cœur ?	Zeigst du mir den Weg zu deinem Herzen?

Verführerisch

Don Juan *m*	HerzensbrecherIn
être chaud(e)	heiß sein
séducteur *m*, **séductrice** *f*	Verführer
voler un baiser	einen Kuss stehlen
On a des atomes crochus.	Es besteht eine besondere Chemie zwischen uns beiden.
Je fais de bons massages. Tu veux que je te fasse des massages ?	Ich bin gut in Massagen. Willst du, dass ich dich massiere?
On est un beau couple.	Wir sind ein hübsches Pärchen.

Ablehnung

Va-t'en !	Hau ab!
Je dois y aller.	Ich muss gehen.
Désolé(e) mais tu ne me plais pas.	Sorry, aber ich mag dich nicht.
Désolé(e) mais je suis en couple.	Sorry, ich habe schon eine/n FreundIn.
Casse-toi ! Tire-toi !	Verpiss dich!

Erwidertes Interesse

Tu es très beau/belle.	Du bist sehr hübsch.
Tu me plais.	Du gefällst mir / Ich mag dich.
Je te plais ?	Gefalle ich dir?
Je te trouve très sympa.	Ich finde dich sehr nett/ sympathisch.

Je t'aime.	Ich liebe dich.

Die Temperatur steigt an...

être chaud(e)	geil sein
Je me sens attiré(e) par toi ! / Tu me rends dingue !	Du machst mich an !
Embrasse-moi.	Küss mich.
On se déplace ?	Suchen wir uns einen intimeren Ort?
Chez toi ou chez moi ?	Zu dir oder zu mir?

Übungen & Spiele

1. Ergänze die Lücken mit den Sätzen aus dem Teil "Top Sätze".

A: Aujourd'hui j'ai envie de sortir. ______________________________.

B: Il y a une fête latine à l'université.

A: Parfait! ______________________________.

B: Si tu veux, nous pourrions d'abord prendre une bière et après on va danser. ______________________________.

A: On pourrait aller au St. Patrick, c'est très connu.

B: Ça va. ______________________________.

A: À 22 heures. ______________________________.

B: Non, merci. J'y irai à pied.

2. Du bist in der Disko und hast Augenkontakt mit ihm oder ihr gemacht. Entscheide, ob du in diesen Beispielsituationen (manche mit Männern, manche mit Frauen) erwidert wirst oder eher nicht:

1) *Du:* Coucou, belle! Je t'invite à boire un verre.

Sie: Non, merci.

Auswertung (erwidert/nicht erwidert): ______________________

2) *Du*: Salut, tu as du feu?

Er: Oui, bien sûr. Tiens.

Du: Tu fais des études ou tu travailles ?

Er: Désolé mais tu ne me plais pas.

Auswertung (erwidert/nicht erwidert): ____________________

3) *Du*: J'aime comment tu danses. Tu viens ici beaucoup de fois ?

Sie: Oui, c'est ma boîte préférée. Comment tu t'appelles ?

Du: Klaus. Enchanté. Tu as de beaux yeux.

Sie: Merci! Tu es très joli.

Auswertung (erwidert/nicht erwidert): ____________________

4) *Du*: Coucou, beauté. Tu fais des études ou tu travailles ?

Er: Je suis physiothérapeute. Et toi ?

Du: Je suis prof. J'aime ton travail. J'ai mal au dos, est-ce que tu pourrais me donner un massage ?

Er: D'accord, je t'invite à boire un cocktail et plus tard... nous pourrions allez chez moi e je te donne le massage.

Du: Très bien, bonne idée!

Auswertung (erwidert/nicht erwidert): ____________________

Vokabular

connu	bekannt
coucou *(ugs.)*	Hallo
joli	hübsch
prof *(ugs.)*	professeur(e) = LehrerIn
J'ai mal au dos.	Ich habe Rückenschmerzen.
après, plus tard	später
bonne idée	tolle Idee

Stufe 9

Französisch in Quebec, Wallonien und Welschschweiz

Französisch außerhalb Frankreichs unterscheidet sich vom Französischen in Frankreich in Aussprache und Vokabular. Alle Französischsprecher können einander gut verstehen, aber die Merkmale sind offensichtlich. Die wichtigsten Besonderheiten in Quebec (Canada), Wallonien (Südbelgien) und Welschschweiz (Westschweiz) werden hier angeführt.

Grammatik

Lass uns mit etwas Einfachem beginnen. Egal ob in Frankreich, Belgien, Kanada oder der Schweiz, die Grammatik ist dieselbe!

Aussprache

Schweiz

Das Gleiche gilt in der Schweiz.

Aufgrund der Filme und Serien, die auf Französisch übersetzt sind, tendiert der Akzent jedoch zu verschwinden.

Wie bereits gesagt, gibt es einen Akzent, der aber unterschiedlich in den unterschiedlichen Kantonen ist.

Ein paar Beispiele sind:

- In Frankreich wird „salut“ /saly/ mit einem flachen Akzent ausgesprochen. In der Schweiz wird es auch /saly/ ausgesprochen, aber die zweite Silbe ist entweder einen Ton unter der ersten (die Stimmt geht tiefer hinunter) oder einen Ton über der ersten (die Stimme wird höher, wie zum Beispiel am Ende einer Frage). Es hängt vom Kanton ab.
- In der Schweiz sagt man „ou bien“ /u bjɛ̃/ am Ende jeder Frage. Zum Beispiel in der Frage „ça va ou bien?“ /sa va u bjɛ̃/. Das „va“ wird dann höher als der Rest der Frage ausgesprochen und das /ɛ̃/ wird verlängert (In Frankreich würde man einfach: „ça va?“ fragen).

Belgien

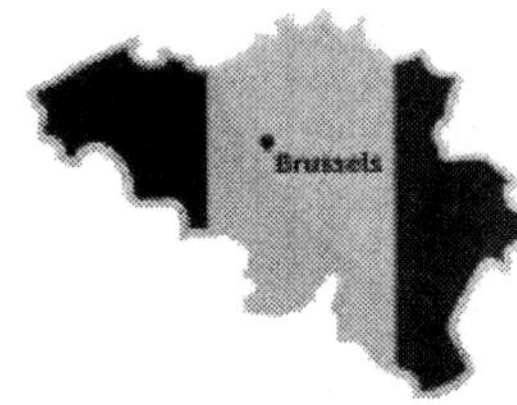

In Belgien ist der typisch belgische Akzent auch ein Mythos.

Es existiert kein einheitlicher Akzent für ganz Belgien, sondern verschiedene, genau wie in Frankreich oder in Deutschland (bayrischer Akzent, sächsischer Akzent ...). Es hängt davon ab, wo in Belgien man sich befindet.

In Frankreich gibt es das Cliché, dass die Belgier „une fois" /yn fwa/ am Ende jedes Satzes sagen. Dies ist falsch und wird kaum benutzt.

Ein paar Beispiele der belgischen Aussprache sind:

- Bruxelles wird /bry'sɛl/ ausgesprochen und nicht /bryk'sɛl/ wie in Frankreich.
- Anvers (Antwerpen) wird /ɑ̃'vɛrs/ gesprochen und nicht /ɑ̃'vɛr/ wie in Frankreich (Das „S" wird ausgesprochen).
- Das „W" wird „Uh" ausgesprochen.

  BEISPIEL:

  „Wagon" wird „Uhagon" /wa'gɔ̃/ ausgesprochen.

Canada

Das kanadische Französisch und das Quebecer Französisch sind zwei unterschiedliche Varietäten des Französischen. Das kanadische Französisch beschreibt alle Varietäten des Französischen, die in Kanada gesprochen werden.

Es gibt jedoch unterschiedliche Akzente, abhängig davon, woher die Menschen kommen. Aber die Unterschiede sind milder als in Europa.

Im Westen von Quebec hört man zum Beispiel längere Vokale als im Osten.

Hier sind ein paar Beispiele, die generell in Kanada gelten:

- Wenn man Quebecer Französisch sprechen will, benutzt man sehr viele Kontraktionen.

  BEISPIELE:

  „Je suis en vacances" → „Chu /ʃy/ en vacances".

  „Il" /il/ - „I" /i/:

„Il n'a pas le temps" → „I /i/ a pas le temps"

„elle" /ɛl/ → „A" /a/:

„Elle mange" → „a mange".

- Das „A" wird zu „O". Anstatt „pas" sagt man dann /po/.
- Der Laut „oi" /wa/ wird zu „oé" /oe/: „moi" /mwa/ wird also „moé" /moe/ gesprochen. Dies wird allerdings weniger und weniger benutzt. Der Laut „oi" /wa/ wird mehr und mehr wie in Frankreich ausgesprochen. Außer der Sprecher/die Sprecherin ist aufgeregt. Dann wird er/sie „oé" /oe/ sagen.
- Zwischen den Buchstaben „tu" und „ti" wird ein „S" eingefügt. „Tu manges" /ty mɑ̃ʒ/ wird also „Tsu manges" /tsy mɑ̃ʒ/ ausgesprochen. Und aus „tirelire" /tir'lir/ (Spardose) wird „tsirelire" /tsir'lir/.
- Zwischen den Buchstaben „du" und „di" wird ein „Z" eingefügt. Aus „dur" /dyr/ und „dire" /dir/ wird dann „dzur" /dzyr/ und „dzire" /dzir/.

Vokabular

Schweiz

Schweiz	*Frankreich*	*Übersetzung*
septante	soixante-dix	siebzig
huitante	quatre-vingt	achtzig
nonante	quatre-vingt-dix	neunzig
déjeuner *m*	le petit-déjeuner	das Frühstück
dîner *m*	le déjeuner	das Mittagessen
souper *m*	le dîner	das Abendessen
lavette *f*	le gant de toilette	der Waschlappen
poutser	nettoyer	reinigen
Schüblig *m*	une saucisse de francfort	die Frankfurterwurst
cabane *f*	un refuge (en montagne)	die Berghütte
Tout de bon !	bonne chance	Alles Gute!
cornet *m*	un sac	eine Tasche
foutre loin	jeter à la poubelle	in den Mülleimer werfen
se réduire / ranger	aller se coucher	ins Bett gehen
natel *m*	le téléphone portable	ein Handy
bancomate *m*	un distributeur (de billets)	ein Geldautomat
signofile *m*	un clignotant	die Blinkleuchte

Belgien

Belgien	*Frankreich*	*Übersetzung*
septante	soixante-dix	siebzig
nonante	quatre-vingt-dix	neunzig
GSM *m*	un téléphone portable	ein Handy
s'il vous plaît	je vous en prie	Gern geschehen
à tantôt	à tout à l'heure	Bis später
Ça spite	Cela éclabousse	Es spritzt
donner une baise	donner un bisous	einen Kuss geben
Il drache	Il pleut à verse	Es regnet stark
Il fait laid	Il fait mauvais temps	Es ist schlechtes Wetter
mettre du sent-bon	mettre du parfum	sich parfümieren
mordre sur sa chique	prendre sur soi	sich zusammenreißen
Non, peut-être !	Oui, bien sûr !	Ja, natürlich!
Oui, sans doute !	Sûrement pas !	Sicher nicht!
dire quoi	tenir au courant	auf dem Laufenden halten

Kanada

Quebec	*Frankreich*	*Übersetzung*
achaler	ennuyer	verärgern
bibitte *f*	une bébête	ein Käfer / Tierchen
binne *f*	un haricot	eine Bohne
bienvenue	de rien	Gern geschehen
boîte à malle *f*	la boîte aux lettres	der Briefkasten
boucane *f*	la fumée	der Rauch
char *m*	une voiture	ein Auto
chaudron *m*	une casserole	eine Pfanne
débarbouillette *f*	un gant (de toilette)	ein Waschlappen
dépanneur *m*	l'épicerie du coin	der örtliche Lebensmittelladen
gazer	mettre de l'essence	tanken
vidanges *pl*	les poubelles	der Müll / die Mülltonne
asteure	maintenant	jetzt
aubaine *f*	les soldes	Schlussverkauf
bas *m*	une chaussette	eine Socke

boisson *f*	alcool fort	Schnaps
breuvage *m*	boisson non alcoolisée	Erfrischungsgetränk
liqueur *f*	un soda	eine Limonade / Soda

Übungen & Spiele

1. Übersetze die folgenden Sätze / Wörter auf Französisch (Frankreich):

une aubaine ______________________

Il fait laid ______________________

un bancomate ______________________

les vidanges ______________________

donner une baise ______________________

Tout de bon ! ______________________

bienvenue ______________________

dire quoi ______________________

foutre loin ______________________

un bas ______________________

2. Übersetze die französischen (Frankreich) Wörter ins kanadische / belgische / schweizerische Französisch.

soixante-dix (CH) ______________________

un signofile (CH) ______________________

mettre du parfum (B) ______________________

l'épicerie du coin (K) ______________________

la fumée (K) ______________________

un téléphone portable (B) ______________________

mettre de l'essence (K) ______________________

le gant de toilette (CH) ______________________

cela éclabousse (B) ______________________

boisson non alcoolisée (K) ______________________

3. Verlinke die französischen und kanadischen / belgischen/ schweizerischen Wörter:

nonante	le téléphone portable
un char	maintenant
le déjeuner	Il pleut à verse
le natel	Oui, bien sûr !
une liqueur	nettoyer
asteure	à tout à l'heure
poutser	un soda
Non, peut-être !	une voiture
Il drache	le petit déjeuner
à tantôt	quatre-vingt-dix

Stufe 10

Umgangssprache

Und wir sind schon auf der höchsten Stufe! Es gibt wahrscheinlich keinen besseren Weg, eine Sprache zu beherrschen und sich zu integrieren, als wenn man umgangssprachliche Vokabeln kennt.

Grammatik

Auf Stufe 1 hast du gelernt, wie die Verneinung gebildet wird („ne“ + Verb + „pas“). In der Umgangssprache kann man aber „ne“ weglassen.

BEISPIEL:

Je ne mange pas → **Je mange pas**

Es ist zwar grammatisch nicht korrekt, aber jeder wird es verstehen.

Slang in Frankreich

Slang in Frankreich	*Übersetzung auf Französisch*	*Übersetzung auf Deutsch*
bouffer	manger	essen
piquer	voler	stellen
taxer	prendre	nehmen
kiffer	aimer	lieber
bosser	travailler	arbeiten
être vénère	être énervé	böse / zornig sein
arnaque *f*	escroquerie / tromperie	Betrug
truc *m*	quelque chose	etwas
au taf	au travail	bei der Arbeit
déboussolé(e)	désorienté	verwirrt
chiant(e)	énervant	lästig
clope *f*	une cigarette	Zigarette
type / mec *m*	un homme	ein Mann
meuf *f*	une femme	eine Frau
gerber	vomir	erbrechen

nickel!	parfait!	perfekt!
C'est top!	C'est super / génial!	Es ist großartig!
chanmé	super	super
relou	énervant	lästig
ouf	fou	verrückt
pas mal de	beaucoup	viele

Slang in Wallonien

In Belgien	*In Frankreich*	*Übersetzung*
aller à guindaille	faire la fête	feiern
Après moi les mouches	Il arrivera ce qu'il arrivera	Es wird geschehen, was geschehen wird
avoir la clope	avoir peur	Angst haben
Ça plèque	C'est poisseux	Es ist klebrig
être bleude quelqu'un	être amoureux de quelqu'un	in jemanden verliebt sein
être en rote	être en colère	wütend sein
faire le bob	être le capitaine de soirée	derjenige sein, der nichts trinkt und am Ende fährt
faire son nez	être arrogant	arrogant sein
faire un à-fond	boire son verre d'un seul trait	sein Getränk in einem Schluck trinken
Il drache.	Il pleut à verse.	Es regnet stark.
jouer avec les pieds de quelqu'un	jouer avec la patience de quelqu'un	mit der Geduld von jemandem spielen
passer la nuit à l'amigo	passer la nuit au poste de police	die Nacht auf der Polizeiwache verbringen
se prendre une douffe	être en état d'ivresse	betrunken sein
à hoût-si-plou	dans un trou perdu	Der Ort liegt ungelegen
Il n'a pas toutes ses frites dans le même sachet.	Il n’est pas bien / Il est fou.	Er ist verrückt.

Slang in Quebec

In Kanada	*Frankreich (Standard)*	*Übersetzung*
Hein ?	Je n'ai pas compris	Ich habe nicht verstanden.
huard *m*		kanadische 1$
gars *m*	garçon	Junge
blonde *f*	copine	Freundin
chum *m*	copain	Freund
klick	kilomètre	Kilometer
parler à travers son chapeau	parler sans savoir de quoi il s'agit	reden, ohne wirklich zu wissen, worüber wir reden
Il mouille à boire debout	Il pleut beaucoup	Es regnet stark
cogner des clous	piquer du nez	müde sein
Attache ta tuque avec d'la broche	Accroche-toi, ça va décoiffer.	Mach dich bereit, es wird dich umhauen.
Tire-toi une bûche	Prends une chaise et assieds-toi	Nimm einen Stuhl und setzt dich.
se faire passer un sapin	se faire arnaquer	betrogen werden
Niaise pas avec la puck	N'hésite pas	nicht zögern
se calmer le pompon	se calmer	sich beruhigen

Slang in der Schweiz

In der Schweiz	*In Frankreich*	*Übersetzung*
être sur le balan	hésiter	zögern
aller de bizingue	zigzaguer	Im Zickzack gehen
être le bobet du village	faire le nigaud	Den Hanswurst spielen
gagner une channe	gagner une coupe lors d'une compétition	einen Pokal in einem Wettbewerb gewinnen
faire un clopet	faire un somme	ein Nickerchen machen
donner un coup de panosse	passer la serpillière	den Boden wischen
se chier	se casser la figure	hinfallen
faire la pièce droite	faire le poirier	einen Kopfstand machen
avoir la gratte	avoir des démangeaisons	Juckreiz haben
faire la pote	bouder	schmollen

monter dans les tours	s'énerver	wütend werden

Übungen & Spiele

1. Übersetze die umgangssprachlichen Ausdrücke aus dieser Stufe:

bouffer ____________________

bosser ____________________

Nickel! ____________________

aller à guindaille ____________________

Il drache. ____________________

klick ____________________

Niaise pas avec la puck ____________________

gagner une channe ____________________

monter dans les tours ____________________

ouf ____________________

2. Welchen umgangssprachlichen Ausdruck würdest du in folgenden Situationen benutzen? Zur Erleichterung wird jeweils das Länderkürzel angegeben (FR: Frankreich, BE: Belgien, CA: Kanada, CH: Schweiz).

Man geht im Zickzack (CH) ____________________

Man hat nichts verstanden (CA) ____________________

Aufforderung, Platz zu nehmen (CA) ____________________

Um sich zu beruhigen (CA) ____________________

Wenn eine(r) wütend ist (BE) ____________________

Wenn man auf der Arbeit ist (FR) ____________________

14

Du bist fertig mit den ersten 10 Stufen! Den Tag 14 kannst du nutzen, um den Stoff zu wiederholen. Jetzt bist du vertraut mit der Sprache und kannst dich ausdrücken. Überrasche die Welt!

Anbei einige Tipps, um die Vokabeln einfacher und schneller zu memorisieren:

1. Nimm dich auf! Es ist wissenschaftlich geprüft, dass die Menschen mehr Information speichern können, wenn sie hören als einfach nur zu lesen. Die Aufnahmen kannst du am besten wiedergeben direkt bevor du zu Bett gehst. Zu diesem Zeitpunkt ist das Gehirn am empfänglichsten. Du wirst überrascht sein, wie du dich verbesserst, nachdem du die Aufnahmen mehrere Nächte (ununterbrochen) gehört hast.

2. Klebe Klebezettel auf den Kühlschrank, Schrank, die Türen... mit relevanten Vokabeln auf Französisch und ihrer Bedeutung. So kannst du diese öfters sehen und schneller memorisieren.

3. Erstelle Karteikarten für die Vokabeln, die du in diesem Buch gelernt hast. Schreibe auf die Vorderseite das Wort, auf die Rückseite die Übersetzung auf Deutsch oder idealerweise eine Zeichnung oder ein Foto, die an dieses Wort erinnert. Nachdem die Kärtchen erstellt sind, kannst du sie mehrmals lernen (definiere die Zeitspanne, wann du lernst, je nach deinem Rhythmus: alle paar Tage, Wochen...), so schaffst du effektiv, dieses Vokabular langfristig im Gedächtnis zu verankern.

Los geht's mit den Kurzgeschichten!

Ein paar persönliche Tipps von mir:

Um das Meiste aus den Kurzgeschichten rauszuholen, empfehle ich dir, dass du die Wörter markierst, die du nicht verstehst. Versuche erstmal, die Bedeutung aus dem Kontext heraus zu finden, mit oder ohne Hilfe von der deutschen Übersetzung rechts. Wenn dies nicht hilft, schau mal in der zur Kurzgeschichte entsprechenden Vokabelliste. Falls das Wort nicht eingelistet ist, suche nach diesem fremden Wort auf Google Bilder. Als Ergebnis wirst du ausreichende Bilder bekommen und ohne Übersetzung, sondern anhand eines Bildes wirst du endlich das Wort verstehen (eine Karteikarte könntest du sogar erstellen). Statt der neuen Kenntnisse auswendig zu lernen, solltest du diese langsam und stressfrei verinnerlichen. Indem du Texte liest, verbessert sich dein Leseverständnis, das ist reine Übungssache!

Stufe 11

Kurzgeschichten Niveau 1

Histoire 1

Magie froide

Leah a toujours pensé que l'hiver était magique. Sa mère lui a toujours lu des contes de fées comme histoires au coucher et elle a **grandi** en croyant en des choses comme le Père Noël, la fée des dents, les licornes et la poussière de fée.

Chaque fois qu'elle lit ou entend parler d'un royaume de très loin, elle s'imagine qu'il est recouvert de neige. À l'**adolescence**, cela l'a encore plus étonnée d'apprendre que chaque flocon de neige est unique, encore plus que la science. C'est pourquoi elle aime le Festival d'hiver de Québec. Pour elle, c'est comme vivre dans un conte de fées. Cela lui donne l'impression d'être une princesse et que son prince charmant la retrouvera un jour.

Elle pense aussi que l'hiver est comme une **fée marraine**, changeant les vêtements des gens en quelque chose de différent. Leurs vêtements deviennent plus épais, plus doux, dans des couleurs d'automne chaudes et élégantes.

L'hiver crée également un contraste magique : **à mesure que** l'environnement se refroidit, les gens **se réchauffent**. Pendant le festival, plus de sourires, de câlins et de baisers sont échangés. De nombreuses photos sont prises pour préserver ces merveilleux souvenirs, pour préserver la magie dans l'air pendant ces jours et ces nuits.

Quelques semaines avant le début du festival, la construction du royaume des flocons de neige débute. Chaque jour, Leah devient de plus en plus excitée. Les jours du festival d'hiver sont toujours les meilleurs jours de l'année pour elle.

En ce moment, elle se tient juste devant le palais de **glace** avec ses deux meilleures amies – Jade et Heather. Elle porte son nouveau manteau bleu ciel de fourrure ajusté par-dessus son chandail et son skinny jean blanc, ainsi que ses bottes Kamik brunes à mi-mollet préférées. Aujourd'hui, elle a l'impression de porter la robe bleu ciel de la reine Elsa, ornée de pierres précieuses. La capuche en fourrure de son manteau ressemble à un diadème étincelant.

---

grandi	aufgewachsen
adolescence	Jugend
fée marraine	gute Fee

Kalter Zauber

Lea hat schon immer geglaubt, dass der Winter magisch ist. Ihre Mutter hat ihr immer Märchen als Gute-Nacht-Geschichten vorgelesen und sie ist mit dem Glauben an Dinge wie den Weihnachtsmann, die Zahn Fee, Einhörner und Feenstaub ***aufgewachsen****.*

Jedes Mal, wenn sie von einem Königreich aus großer Entfernung liest oder hört, stellt sie sich vor, dass dieses mit Schnee bedeckt ist. Als ***Teenager*** *hat es sie noch mehr erstaunt, als sie erfuhr, dass jede Schneeflocke einzigartig ist, mehr noch als die Wissenschaft. Deshalb liebt sie das Winterfestival in Québec City. Für sie ist es, als würde sie in einem Märchen leben. Es gibt ihr das Gefühl, eine Prinzessin zu sein und dass sie ihren Märchenprinzen eines Tages finden wird.*

Sie glaubt auch, dass der Winter wie eine ***gute Fee*** *ist, die die Kleidung der Menschen in etwas anderes verwandelt. Ihre Kleidung wird dicker, weicher und in warmen, eleganten Herbstfarben gehalten.*

Der Winter schafft außerdem einen magischen Kontrast: ***Während*** *die Umgebung kälter wird,* ***werden*** *die Menschen* ***wärmer****. Während des Festivals werden mehr Lächeln, Umarmungen und Küsse ausgetauscht. Es werden viele Fotos gemacht, um diese wunderbaren Erinnerungen zu bewahren, um den Zauber, der während dieser Tage und Nächte in der Luft liegt, zu erhalten.*

Einige Wochen vor Beginn des Festivals wird mit dem Bau des Schneeflocken-Königreichs begonnen. Mit jedem Tag wird Lea aufgeregter. Die Tage des Winterfestivals sind für sie immer die besten Tage des Jahres.

Im Moment steht sie mit ihren beiden besten Freundinnen - Jade und Heather - direkt vor dem ***Eis****palast. Sie trägt ihren neuen, enganliegenden hellblauen Pelzmantel über ihrem Pullover und ihrer weißen Röhrenjeans sowie ihre braunen, wadenlangen Lieblingsstiefel von Kamik. Heute sieht sie aus, als würde sie das mit Edelsteinen besetzte himmelblaue Kleid von Königin Elsa tragen. Die Pelzkapuze ihres Mantels sieht aus wie ein funkelndes Diadem.*

« Qu'est-ce que vous attendez les filles ? Finissons-en », a déclaré Jade.

à mesure que	während, je mehr...desto
se réchauffer	wärmer werden
glace	Eis

Leah sourit. Elle sait que parmi les trois, elle est la plus excitée pour le festival. Jade et Heather aiment les fêtes et rencontrer des gens de différentes parties du monde qui affluent au Québec pour assister au festival. Ils aiment se pomponner, boire, danser et flirter toute la nuit. Leah aime ça aussi, mais c'est bien plus que juste ces choses pour elle.

Les filles se prennent par les bras, donnent leur ticket à l'entrée et sont entrées dans le palais avec des sourires excités placardés sur leurs visages.[20]

Elle était au septième ciel lorsqu'ils se promenaient dans les différentes parties du palais. Les **friandises** de neige au sirop d'érable avaient l'air délicieuses. **C'est dommage** qu'elle doive faire attention à ce qu'elle mange. Elle a pris un livre la semaine dernière et elle essaie de se débarrasser de ce poids indésirable. Lorsqu'ils entrèrent dans la salle à manger du palais de glace, les sculptures de glace détaillées attirèrent son regard, et elle ne put s'empêcher de les toucher.

« Reine de glace ! »

Elle entendit quelqu'un crier et Leah se figea. Il n'y a qu'une seule personne qui ne l'a jamais appelée ainsi et cela fait des siècles qu'elle ne l'a pas vu. Elle se retourna lentement et elle le vit venir vers eux. Il a toujours la même apparence, il a grandi un peu, mais il a toujours l'air pratiquement le même.

Son cœur battait la chamade et son rythme cardiaque s'accélérait à mesure qu'il se rapprochait. Quand il l'atteignit, il la soulève dans les airs et la tourne en ronds. Elle fondit, c'était comme une scène dans un conte de fées.

Les mâchoires de l'autre fille tombèrent. Lorsque les pieds de Leah touchaient à nouveau le sol, il la regarda dans les yeux et dit : « Tu n'as aucune idée à quel point tu m'as manqué, reine de glace », dit-il avant de la serrer très fort dans ses bras.

« Reine de glace ? », dit Heather avant de couvrir sa bouche avec sa main alors qu'elle réalisait. « Est-ce le prince charmant ? », elle demande.

« **Tais-toi !** », chuchota Leah alors que Jade suivait les pensées de Heather et couvrait également sa bouche avec sa main.

« Allons dans la pièce d'**à côté** ! », Jade tira sur le bras d'Heather. « Excusez-nous », a déclaré Jade avant de partir.

---

friandise	Leckerei, Süßigkeit
c'ést dommage	Schade

"Worauf wartet ihr noch, Mädchen? Bringen wir es hinter uns", sagte Jade.

Lea lächelt. Sie weiß, dass sie von den dreien diejenige ist, die sich am meisten auf das Festival freut. Jade und Heather lieben Partys und das Kennenlernen von Menschen aus verschiedenen Teilen der Welt, die nach Québec strömen, um am Festival teilzunehmen. Sie lieben es, sich die ganze Nacht herauszuputzen, zu trinken, zu tanzen und zu flirten. Lea mag das auch, aber für sie ist es viel mehr als nur diese Dinge.[21]

Die Mädchen nahmen sich gegenseitig in den Arm, gaben ihre Eintrittskarten am Eingang ab und betraten den Palast mit einem aufgeregten Lächeln auf ihren Gesichtern.

*Sie war im siebten Himmel, als sie durch die verschiedenen Bereiche des Palastes spazierten. Die Schnee***leckereien** *mit Ahornsirup sahen köstlich aus.* ***Es ist schade****, dass sie darauf achten muss, was sie isst. Sie hatte letzte Woche ein Pfund zugenommen und versucht nun, dieses unerwünschte Gewicht loszuwerden. Als sie den Speisesaal des Eispalastes betraten, zogen die detaillierten Eisskulpturen ihren Blick auf sich und sie konnte nicht anders, als sie zu berühren.*

" Eiskönigin!"

Sie hörte jemanden schreien und Lea erstarrte. Es gab nur eine Person, die sie noch nie so genannt hatte, und sie hatte ihn schon seit Jahren nicht mehr gesehen. Sie drehte sich langsam um und sah ihn auf sie zukommen. Er sieht immer noch genauso aus, er ist zwar ein bisschen gewachsen, aber er sieht immer noch fast genauso aus.

Ihr Herz klopfte wie wild und schlug immer schneller, je näher er kam. Als er sie erreichte, hob er sie in die Luft und drehte sie in Kreisen. Sie schmolz dahin, es war wie eine Szene in einem Märchen.

Die Kiefer des anderen Mädchens fielen herunter. Als Leas Füße wieder den Boden berührten, sah er ihr in die Augen und sagte: "Du hast keine Ahnung, wie sehr ich dich vermisst habe, Eiskönigin", sagte er und nahm sie dann ganz fest in den Arm.

"Eiskönigin?", sagte Heather, bevor sie ihre Hand vor den Mund hielt, als ihr das klar wurde. "Ist das der Märchenprinz?", fragt sie.

*"****Sei still!****", flüsterte Lea, während Jade Heathers Gedanken folgte und ebenfalls ihren Mund mit ihrer Hand bedeckte.*

"Lass uns ins ***Neben****zimmer gehen!", Jade zog an Heathers Arm. "Entschuldigen Sie uns", sagte Jade, bevor sie ging.*

Tais-toi !	Sei still !, Halt' den Mund !
à côté	daneben

« Que fais-tu ici ? », Leah lui a demandé.

« C'est agréable de te voir aussi ! », dit-il en riant.

« Désolé, cela fait juste tant d'années que je ne t'ai pas vu ou entendu parler de toi », s'excusa Leah.

« Excuses acceptées. Eh bien, je me suis occupé de la vie et je ne savais pas comment te chercher. Je ne connais même pas votre vrai nom », expliqua-t-il.

« Assez juste. Je ne connaissais pas non plus ton nom. Je suis Leah, au fait. Je te le dis pour que tu aies quelque chose au cas où tu déciderais de me chercher à nouveau dans le futur », lui dit Leah.

« Je suis Albert. Je te le dis, même si je n'ai pas l'intention de te chercher plus jamais », répondit-il.

Leah fronça les sourcils.

« C'est parce que je n'ai pas l'intention de te perdre à nouveau ! », expliqua Albert en riant.

« Pourquoi la reine de glace ? » Jade a demandé alors que nous grignotions tous des Queues de Castor.

« Oui, je ne peux pas imaginer Leah être une reine de glace ou avoir l'air froid du tout d'ailleurs. Eh bien, à part son amour de la neige et de l'hiver », a déclaré Heather.

« Oui, dis-nous en plus. Tout ce que nous savons, c'est qu'il y a ce prince charmant qu'elle a rencontré quand elle avait neuf ans. Elle l'a rencontré dans un parc et ne l'a jamais revue. Nous pensons en fait que vous étiez un personnage imaginaire », a raconté Jade en riant.

« Tais-toi, Jade ! » prévient Leah.

« Eh bien, je suis réel, comme vous pouvez tous le voir. Mais, elle ne m'a jamais appelé prince charmant avant. Elle m'a en fait appelé visage de tomate », a répondu Albert.

Leah éclata de rire.

« Oh, toujours **drôle**, hein ? », demanda Albert.

---

drôle lustig

„Was machst du hier?", fragte Lea sie.

„Es ist auch schön, dich zu sehen!", sagte er und lachte.

„Tut mir leid, es ist nur so viele Jahre her, seit ich dich das letzte Mal gesehen, geschweige denn von dir gehört habe“, entschuldigte sich Lea.

„Entschuldigung angenommen. Nun, ich habe mich um das Leben gekümmert und wusste nicht, wie ich nach dir suchen sollte. Ich kenne nicht einmal deinen richtigen Namen“, erklärte er.

„Das ist ziemlich fair. Ich kannte auch deinen Namen nicht. Ich bin übrigens Lea. Ich erzähle dir das, damit du etwas hast, falls du dich in Zukunft wieder entschließt, nach mir zu suchen“, sagte sie.

„Ich bin Albert. Ich sage es dir, auch wenn ich nicht vorhabe, jemals wieder nach dir zu suchen“, antwortete er.

Lea runzelte die Stirn.

"Das liegt daran, dass ich nicht vorhabe, dich noch einmal zu verlieren!", erklärte Albert lachend.

"Warum die Eiskönigin?" fragte Jade, während wir alle an „BeaverTails“ knabberten.

"Ja, ich kann mir nicht vorstellen, dass Lea eine Eiskönigin ist oder überhaupt kalt aussieht. Na ja, abgesehen von ihrer Liebe zum Schnee und zum Winter", sagte Heather.

"Ja, erzähl uns mehr. Alles, was wir wissen, ist, dass es diesen Märchenprinzen gibt, den sie kennengelernt hat, als sie neun Jahre alt war. Sie hat ihn in einem Park kennengelernt und nie wieder gesehen. Wir dachten tatsächlich, dass es eine Fantasiegestalt war", erzählte Jade lachend.

"Sei still, Jade!", warnte Lea.

"Nun, ich bin real, wie ihr alle sehen könnt. Aber sie hat mich noch nie Traumprinz genannt. Sie hat mich tatsächlich Tomatengesicht genannt", antwortete Albert.

Lea brach in Gelächter aus.

"Oh, immer noch **lustig**, was?", fragte Albert.

« Alors, pourquoi la reine de glace ? », demanda encore Jade, s'impatientant.

« Eh bien, quand nous nous sommes assis l'un à côté de l'autre dans la balançoire, elle m'a dit qu'elle avait un pouvoir spécial. Elle a dit qu'elle pouvait contrôler la glace. Ensuite, je lui ai demandé de le prouver. Nous sommes allés dans un restaurant voisin et tous les gens semblaient la connaître. Elle a demandé un verre plein de glaçons et elle a mâché les glaçons devant moi », a-t-il raconté.

Jade et Heather ont ri **tandis que** le visage de Leah est devenu rouge.[23]

« Je pouvais voir dans l'expression de son visage qu'elle s'efforçait de ne pas montrer à quel point c'était douloureux pour ses dents. L'intérieur de sa bouche était peut-être brûlant. Tu vois, elle n'a pas mâché la glace une par une. Elle a rempli sa bouche », a ri Albert. « Je lui ai dit d'arrêter. J'ai vraiment essayé de ne pas rire alors mon visage est devenu vraiment rouge », a-t-il poursuivi.

« Ensuite, elle m'a dit qu'elle ne s'arrêterait que si je promets de l'appeler reine de glace. Je voulais qu'elle arrête alors j'ai promis et je tiens cette promesse depuis » il termine son histoire.

« Alors pourquoi es-tu visage de tomate ? », demanda Heather.

« Oh, j'ai oublié cette partie. Eh bien, en plus de me faire promettre de l'appeler la reine de glace, elle voulait aussi que je promette que je changerais mon nom a visage de tomate, parce que je riais tellement fort que ma face était toute rouge, alors je l'ai fait », a-t-il déclaré en riant.

« Awwww, c'est une jolie histoire, Leah ! », dit Heather et Leah lui fait une grimace en retour.

Ils ont continué à traîner pendant un moment et après que Leah et Albert aient échangé leurs numéros, ils sont tous rentrés chez eux pour se préparer pour le **défilé** de nuit.

Ils ont trouvé un bon endroit pour regarder le défilé. Albert était avec eux aussi. Ils se tenaient la main en anticipant les surprises qui les attendaient. C'est drôle comme Leah se sentait si à l'aise avec quelqu'un qu'elle avait rencontré une fois quand elle avait neuf ans.

Les motos de police sont arrivées en premier et elles ont vraiment attiré l'attention de tout le monde. La musique a rempli l'air et les gens ont commencé à danser, y compris Leah et ses amis.

---

tandis que während

"Warum dann die Eiskönigin?", fragte Jade wieder ungeduldig.

"Na ja, als wir nebeneinander in der Schaukel saßen, hat sie mir erzählt, dass sie eine besondere Fähigkeit hat. Sie sagte, sie könne das Eis kontrollieren. Dann bat ich sie, das zu beweisen. Wir gingen in ein nahegelegenes Restaurant wo alle Leute sie zu kennen schienen. Sie bat um ein Glas voller Eiswürfel und kaute diese vor meinen Augen", erzählte er.

Jade und Heather lachten, ***während*** *Leas Gesicht rot wurde.*

"Ich konnte an ihrem Gesichtsausdruck erkennen, dass sie sich bemühte, nicht zu zeigen, wie schmerzhaft das für ihre Zähne war. Vielleicht war das Innere ihres Mundes heiß. Du siehst, sie hat das Eis nicht einzeln gekaut. Sie hat ihren Mund vollgemacht", lachte Albert. "Ich habe ihr gesagt, sie solle aufhören. Ich habe wirklich versucht, nicht zu lachen, aber dann wurde mein Gesicht wirklich rot", fuhr er fort.

"Dann sagte sie mir, dass sie nur aufhören würde, wenn ich ihr verspreche, sie Eiskönigin zu nennen. Ich wollte, dass sie aufhört, also habe ich es versprochen und halte es seitdem", beendet er seine Geschichte.

"Warum bist du dann ein Tomatengesicht?", fragte Heather.

"Oh, den Teil habe ich vergessen. Nun, ich musste ihr nicht nur versprechen, sie die Eiskönigin zu nennen, sondern ich sollte auch versprechen, dass ich meinen Namen in Tomatengesicht ändern würde, weil ich so laut lachte, dass mein Gesicht ganz rot war, also tat ich es", sagte er lachend.

"Awwwww, das ist eine tolle Geschichte, Lea!", sagte Heather und Lea grinste zurück.

*Sie hingen noch eine Weile herum, und nachdem Lea und Albert ihre Nummern austauschten, gingen sie alle nach Hause, um sich auf die Nacht**parade** vorzubereiten.*

Sie fanden einen guten Platz, um sich die Parade anzusehen. Albert war auch dabei. Sie hielten Händchen und freuten sich auf die Überraschungen, die sie erwarten würden. Es war schön zu sehen, wie Lea sich so wohl fühlte mit jemandem, den sie einmal getroffen hatte, als sie neun Jahre alt war.

Die Polizeimotorräder kamen zuerst und zogen die Aufmerksamkeit aller auf sich. Die Musik erfüllte die Luft und die Leute begannen zu tanzen, darunter auch Lea und ihre Freunde.

---

défilé Parade

En effet, la nuit a été pleine de surprises et de **gaieté**. Avec Albert, c'est devenu un festival encore plus magique pour Leah.

. . .

Chaque jour, ils trouvaient quelque chose à faire. Albert avait été très gentil et avant qu'elle ne **s**'en **rende compte**, Leah était tombée très fort. Ils prenaient un café après s'être amusés toute la journée et toute la nuit. C'était le dernier jour du festival qui durait plusieurs semaines.

« Restes tu ici pour de bon ? », Leah a demandé à Albert. C'est la première fois qu'ils ont enfin un moment tranquille l'un avec l'autre. Tous les autres moments étaient passés avec les meilleurs amies de Leah avec de la musique forte autour d'eux.

« Autant que je le veux, je ne peux pas. Je dois retourner à la maison. Ces deux semaines sont toutes les pauses que j'aurai pour toute l'année », a-t-il répondu.

« Que veux-tu dire ? », Leah a demandé.

« Quand je reviendrai, notre entreprise me sera confiée et je crains de ne pas avoir le temps de te voir après cela. Eh bien, **sauf** quelques semaines par an », Albert lui explique.

« Quoi ? Cela pourrait encore être possible si tu le souhaites », a répondu Leah.

« C'est un peu impossible, en fait. Surtout au cours des deux prochaines années, qui seront la période de transition », a déclaré Albert.

« Nous pouvons rester en contact, n'est-ce pas ? », Leah répondit, admettant sa défaite.

« Bien sûr, ma reine. Je t'ai dit que je ne te perdrais plus. Je te trouverai toujours. M'attendras-tu ? », demanda Albert.

« Jusqu'à l'hiver prochain », promit Leah.[25]

---

gaieté Fröhlichkeit, Freude

In der Tat war der Abend voller Überraschungen und Fröhlichkeit. Mit Albert wurde es für Lea ein noch magischeres Fest.

. . .

Jeden Tag fiel ihnen etwas ein, was sie gemeinsam unternehmen konnten. Albert war sehr nett gewesen und ehe sie ***sich versah****, war Lea so sehr verliebt. Sie tranken einen Kaffee, nachdem sie sich Tag und Nacht amüsiert hatten. Es war der letzte Tag des Festivals, welches über mehrere Wochen ging.*

"Bleibst du für immer hier?", fragte Lea Albert. Es war das erste Mal, dass sie endlich einen ruhigen Moment füreinander hatten. Alle anderen Momente hatten sie mit Leas besten Freundinnen verbracht, mit lauter Musik um sie herum.

"So sehr ich auch will, ich kann nicht. Ich muss wieder nach Hause. Diese zwei Wochen sind alle Pausen, die ich für das ganze Jahr haben werde", antwortete er.

"Was meinst du damit?", fragte Lea.

"Wenn ich zurückkomme, wird mir unsere Firma anvertraut und ich befürchte, dass ich danach keine Zeit mehr haben werde, dich zu sehen. Na ja, ***bis auf*** *ein paar Wochen im Jahr", erklärte Albert ihr.*

"Was? Das könnte noch möglich sein, wenn du es möchtest", erwidert Lea.

"Es ist eigentlich ziemlich unmöglich. Vor allem in den nächsten zwei Jahren, in der Übergangszeit", sagte Albert.

"Wir können doch in Kontakt bleiben, oder?", antwortete Lea und gestand ihre Niederlage ein.

"Natürlich, meine Königin. Ich habe dir gesagt, dass ich dich nicht mehr verlieren werde. Ich werde dich immer finden. Wirst du auf mich warten?", fragte Albert.

"Bis zum nächsten Winter", versprach Lea.[26]

---

se rendre compte	bemerken, sich versehen
sauf	bis auf

Histoire 2

Une rencontre fortuite

Darren

Pathétique.

Ils trouvent ça amusant ? Je me demande, fronçant les sourcils en exaspération, me penchant la tête, j'avale mon poison. J'étais assis dans le bar de mon ami. L'endroit le plus calme disponible dans tout Paris en ce moment, et rempli de boissons, une nécessité pour une journée comme celle-ci.

Son bar était vide puisqu'il avait pris un camion plein de caisses d'alcool pour un concert à proximité. Paris était un véritable concert aujourd'hui, avec sa scène dans toutes les rues connues de l'homme, des publics jonchant les routes.

Oui, c'était le 21 juin, la fête de la musique, le jour le plus **redouté** de l'année pour moi. La musique était juste du bruit pour moi. Je n'ai jamais pu comprendre pourquoi les gens aimaient ça, sans parler d'eux qui se balançaient de bonheur. Je quitte toujours Paris à cette époque de l'année, mais je ne le pouvais pas cette année, ce que je regrettais de tout mon cœur. [27]

Alors que je noyais mon irritation avec du whisky, j'ai entendu la porte du bar claquer et une femme dans la mi-vingtaine est entrée. Elle portait un long t-shirt noir avec un jean et des baskets blanches, ses cheveux noirs relevés en un chignon **en désordre** avec plusieurs mèches qui pendaient librement autour de son petit visage rond.

Elle avait un menton pointu et des pommettes saillantes, ses yeux et ses lèvres étaient un peu rouges et gonflés, révélant qu'elle avait pleuré. Elle a complètement ignoré ma forme et s'est dirigée vers le bar. Elle passa derrière le bar, sortit des bouteilles et se prépara un cocktail.

Un fort, si je peux ajouter. Elle en a abattu trois en quelques minutes, ce qui m'a fait craindre qu'elle ne s'évanouisse. Peut-être qu'elle a une tolérance élevée ?

Alors qu'elle préparait son quatrième verre, j'ai vu ses yeux briller. Elle a commencé à cligner des yeux rapidement, essayant d'arrêter ses larmes, mais elles l'ont **trahie** et ont jailli du plus profond de l'intérieur, coulant le long de ses joues. Pourtant, elle continua à faire sa boisson, la prit et s'assit sur le tabouret du bar, me tournant le dos.

---

redouté	gefürchtet
en désordre	unordentlich

Eine Zufallsbegegnung

Darren

Erbärmlich.

Finden sie das lustig? Frage ich mich, runzle entnervt die Stirn, lege den Kopf schief und schlucke mein Gift. Ich saß in der Bar meines Freundes. Der ruhigste Ort, der in ganz Paris im Moment verfügbar war, und voll mit Getränken, ein Muss an einem Tag wie diesem.

Die Bar war leer, da er einen Lastwagen voller Alkoholkisten für ein Konzert in der Nähe abgeholt hatte. Paris war heute ein einziges Konzert, mit Bühnen in jeder Straße, die man kennt, mit Publikum, das die Straßen füllte.

Ja, es war der 21. Juni, die „Fête de la Musique", der für mich am meisten **gefürchtete** *Tag des Jahres. Musik war für mich nur Lärm. Ich konnte nie verstehen, warum die Leute das mochten, ganz zu schweigen davon, dass sie vor Glück mitwippten. Ich verlasse Paris immer zu dieser Jahreszeit, aber dieses Jahr konnte ich es nicht, was ich von ganzem Herzen bedauerte.*

Während ich meine Irritation mit Whisky ertränkte, hörte ich die Tür der Bar zuschlagen und eine Frau Mitte zwanzig trat ein. Sie trug ein langes schwarzes T-Shirt mit Jeans und weißen Turnschuhen. Ihr schwarzes Haar hatte sie zu einem **unordentlichen** *Dutt hochgesteckt, wobei mehrere Strähnen locker in ihr kleines rundes Gesicht hingen.*

Sie hatte ein spitzes Kinn und hervorstehende Wangenknochen, ihre Augen und Lippen waren ein wenig rot, geschwollen und verrieten, dass sie geweint hatte. Sie ignorierte meine Form völlig und ging in Richtung Bar. Sie ging hinter die Bar, holte ein paar Flaschen heraus und mixte sich einen Cocktail.

Einen starken, wenn ich hinzufügen darf. Sie trank drei von ihnen in wenigen Minuten, was mich befürchten ließ, dass sie in Ohnmacht fallen würde. Vielleicht hat sie eine hohe Toleranz?

Als sie ihren vierten Drink zubereitete, sah ich, wie ihre Augen glänzten. Sie begann schnell zu blinzeln und versuchte, ihre Tränen zu stoppen, aber sie **verrieten** *sie und kamen aus ihrem tiefsten Inneren hervor und liefen über ihre Wangen. Dennoch mixte sie weiter ihr Getränk, nahm es und setzte sich auf den Barhocker, wobei sie mir den Rücken zuwandte.*

---

trahir verraten

Je ne pouvais pas l'ignorer.

Je n'ai jamais été autant **entiché** de quelqu'un. J'ai oublié mon mécontentement, mon mal de tête à cause de la musique et même le whisky dans ma main. Le son épouvantable de la musique se masquait sous ses sanglots. Je n'étais même pas du genre à me mêler des affaires ou des soins des autres, mais quelque chose en moi me pressait de lui demander ce qui s'était passé, de la réconforter.

Il était inhabituel pour quelqu'un d'entrer dans un bar désert par une journée apparemment aussi heureuse et agréable. Dit qui, mais quand même. Je lui tapote légèrement l'épaule. Elle s'est retournée, me regardant avec ses yeux de biche entourés de cernes, et ses lèvres boudeuses.

Mon cœur se serra lorsque je regardai la mare de tristesse se reflétant dans ses yeux. Je lui ai offert mon mouchoir, qu'elle a pris avec reconnaissance. Son dos ne me faisait plus face. Je la regardais en silence pleurer et ses efforts pour se saouler étaient insensés. Devenant impatient et de plus en plus inquiet, ma patience a lâché.

J’ai pris le verre de sa main, lui valut un profond froncement de sourcils, qui fut bientôt remplacé par une expression sans émotion. C'était comme si elle voulait que quelqu'un l'arrête, l'écoute.

« Je déteste ce jour », marmonna-t-elle, regardant ses mains qui tremblaient sur ses genoux. J'ai juste regardé sa forme, voulant qu'elle continue.

« M-mon père... », elle cesse de parler, ce mordant la lèvre inférieure, essayant de contrôler ses larmes.

« Chaque année à ce jour-ci, t-tout ce que je peux penser c’est mon p-père battre férocement ma mère et ses cris perdu dans les bruits f-forts de la musique », hoqueta-t-elle.

« Si seulement les gens n'avaient pas acclamé follement ce jour-là, s'il n'y avait pas eu de musique, pour commencer, elle aurait été en vie. » Elle étouffa un sanglot, sa voix devenant plus forte. Elle a pris le verre de ma main et a bu une grande gorgée.

Elle avait l'air si seule. Tout comme quelqu'un que je connais. Si seulement je pouvais lui enlever son chagrin.

Adèle *Plus tôt ce jour-là*[29]

Je me suis réveillé vers 13h. Je n'avais pas passé une bonne nuit de sommeil depuis si longtemps.

---

entiché vernarrt

Ich konnte sie nicht ignorieren.

Ich war noch nie so ***vernarrt*** *in jemanden. Ich vergaß meine Unzufriedenheit, mein Kopfschmerz wegen der Musik und sogar den Whisky in meiner Hand. Der entsetzliche Klang der Musik wurde von ihrem Schluchzen überdeckt. Ich war nicht einmal der Typ, der sich in die Angelegenheiten oder die Fürsorge anderer einmischte, aber etwas in mir drängte mich, sie zu fragen, was passiert war, sie zu trösten.*

Es war ungewöhnlich, dass jemand an einem scheinbar so glücklichen und angenehmen Tag eine verlassene Bar betrat. Sagt jemand wie ich, aber trotzdem. Ich klopfte ihr leicht auf die Schulter. Sie drehte sich um und sah mich mit ihren, von Augenringen umgebenen, Reh Augen und Schmolllippen an.

Mein Herz zog sich zusammen, als ich in die Pfütze der Traurigkeit blickte, die sich in ihren Augen spiegelte. Ich bot ihr mein Taschentuch an, das sie dankbar annahm. Ihr Rücken war mir nicht mehr zugewandt. Ich beobachtete stumm, wie sie weinte und ihre Bemühungen, sich zu betrinken, sinnlos waren. Als sie ungeduldig und zunehmend unruhig wurde, riss meine Geduld.

Ich nahm ihr das Glas aus der Hand, was ihr ein tiefes Stirnrunzeln einbrachte, das bald von einem emotionslosen Gesichtsausdruck abgelöst wurde. Es war, als wolle sie, dass jemand sie aufhält, ihr zuhört. "Ich hasse diesen Tag", murmelte sie und schaute auf ihre zitternden Hände in ihrem Schoß. Ich sah nur auf ihre Gestalt und wollte, dass sie weitermachte.

"Mein Vater...", sie hörte auf zu sprechen, biss sich auf die Unterlippe und versuchte, ihre Tränen zu kontrollieren.

"Jedes Jahr an diesem Tag kann ich nur daran denken, wie mein Vater meine Mutter verprügelt und ihre Schreie in den lauten Geräuschen der Musik untergehen", keuchte sie.

"Wenn die Leute an diesem Tag nur nicht so wild gejubelt hätten, wenn es keine Musik gegeben hätte, wäre sie vermutlich noch am Leben." Sie unterdrückte ein Schluchzen, wobei ihre Stimme immer lauter wurde. Sie nahm das Glas aus meiner Hand und trank einen großen Schluck.

Sie sah so einsam aus. Genau wie jemand, den ich kenne. Wenn ich ihr doch nur den Kummer nehmen könnte.

Adele *Früher an diesem Tag*.

Ich wachte gegen 1 Uhr auf. Ich hatte schon so lange nicht mehr gut geschlafen.

En tant qu'éditeur de magazine, ils n'ont vraiment pas mentionné « vous ne pouvez pas dormir », dans le contrat. J'ai attrapé mon téléphone pour vérifier mes plans et j'ai vu la date.

21 juin. Mes yeux se sont agrandis.

Comment pourrais-je oublier ça ? Le seul jour du calendrier que je redoute. Le jour où tout le monde fête joyeusement sauf moi. Je quitte toujours la ville à l'heure mais je n'avais vraiment aucune idée cette fois-ci à cause du travail.

Ça va bientôt commencer, et je commence à paniquer. Où est-ce que je vais ? Je ne pourrai pas y échapper !

J'habite un appartement près de la place Denfert-Rochereau, l'un des quartiers les plus peuplés du festival, et je me sens de plus en plus claustrophobe et anxieuse avec le temps.

J'ai rapidement pris mes clés de voiture, mis mes chaussures et me suis précipité hors de chez moi en direction de ma voiture. Je n'ai pas pris mon téléphone ou mon **portefeuille** ou quoi que ce soit de nécessaire. Je n'avais qu'à courir. [30]

Pendant que je conduisais, je regardais frénétiquement autour de moi, grimaçant alors que les gens commençaient à se fouler et que les groupes se préparaient pour une performance perçante. J'ai conduit à travers les rues sans aucune destination dans mon esprit, essayant juste d'aller le plus loin possible.

J'essaie de ne pas penser à ce jour-là alors que j'entendais les acclamations, les cris et la musique. Mais je ne pouvais pas m'en empêcher. Tout ce sur quoi je pouvais me concentrer, c'étaient les cris à glacer le sang de ma mère, et avant de m'en rendre compte, je cherchais de l'air, étouffant mes sanglots.

Ils sont partout. J'ai désespérément conclu. Dois-je boire et m'évanouir ?

Oui !

Je dois trouver un bar. Je fais de mon mieux pour **m'éloigner** le plus possible de la foule, des bruits, mais cela me semblait impossible jusqu'à ce que je voie un bar miteux un peu loin d'un concert. J'ai garé ma voiture et essuyé mes joues trempées de larmes grossièrement, et suis entré dans le bar. Les lumières étaient très tamisées et le bar était vide à l'exception d'un homme d'une trentaine d'années assis sur l'un des tabourets du bar. Il n'y avait pas de barman, donc je savais que je devrais m'aider.

Comment faire le pire combo pour s'évanouir ? Un thé glacé Long Island. Je ne me souvenais pas des proportions exactes et franchement je m'en fichais. J'ai soufflé à la hâte tout ce que j'ai fait.

---

portefeuille Brieftasche

Als Herausgeber einer Zeitschrift hatten sie in ihrem Vertrag nichts von "Sie dürfen nicht schlafen" erwähnt. Ich schnappte mir mein Handy, um meine Pläne zu überprüfen, und sah das Datum.

21. Juni. Meine Augen wurden groß.

Wie könnte ich das vergessen? Der einzige Tag im Kalender, vor dem ich mich fürchte. Der Tag, an dem alle fröhlich feiern, nur ich nicht. Ich verlasse die Stadt immer pünktlich, aber wegen der Arbeit hatte ich es dieses Mal nicht rechtzeitig gemerkt.

Gleich geht es los und ich fange an, Panik zu bekommen. Wo gehe ich hin? Ich kann dem nicht entkommen!

Ich wohne in einer Wohnung in der Nähe der Place Denfert-Rochereau, einem der bevölkerungsreichsten Viertel des Festivals. Ich beginne mich mit der Zeit immer klaustrophobischer und ängstlicher zu fühlen.

Ich schnappte mir schnell meine Autoschlüssel, zog meine Schuhe an und eilte aus dem Haus in Richtung meines Autos. Ich nahm weder mein Handy noch meine ***Brieftasche*** *oder etwas anderes Notwendiges mit. Ich rannte einfach los.*

Während ich fuhr, schaute ich mich hektisch um, als die Leute anfingen, sich zu drängeln und die Bands sich auf einen durchdringenden Auftritt vorbereiteten. Ich fuhr durch die Straßen ohne ein Ziel in meinem Kopf und versuchte nur, so weit wie möglich, weg zu fahren.

Ich versuchte, nicht an diesen Tag zu denken, während ich den Jubel, die Schreie und die Musik hörte. Doch es ging nicht. Alles, worauf ich mich konzentrieren konnte, waren die blutrünstigen Schreie meiner Mutter, und ehe ich mich versah, schnappte ich nach Luft und unterdrückte meine Schluchzer.

Sie waren überall. Ich kam verzweifelt zu dem Schluss, mich zu betrinken, bis ich ohnmächtig werde.

Ja!!

Ich muss eine Bar finden. Ich versuche mein Bestes, um so weit wie möglich von den Menschenmassen und den Geräuschen ***weg****zu****kommen****, aber das schien mir unmöglich, bis ich eine schäbige Bar sah, die etwas entfernt von einem Konzert lag. Ich parkte mein Auto, wischte mir grob meine tränennassen Wangen ab und ging in die Bar. Das Licht war gedämpft und die Bar war, bis auf einen Mann in den Dreißigern, der auf einem der Barhocker saß, leer. Es gab keinen Barkeeper, also wusste ich, dass ich mir selbst helfen musste.*[31]

Wie mischt man die schlechteste Kombi, um in Ohnmacht zu fallen? Ein Long Island Eistee. Ich konnte mich nicht mehr an die genauen Proportionen erinnern und ehrlich gesagt war es mir auch egal. Ich trank alles hastig weg.

---

s'éloigner wegkommen

Ouais, je vais m'évanouir. Je ne le recommanderais pas.

Je ne m'en suis pas rendu compte quand j'ai recommencé à pleurer. L'alcool fonctionnait dans le mauvais sens. Je commence à avoir des vertiges au bout d'un moment et je m'assois sur un tabouret. Mon esprit rejouait mes pires cauchemars, et le son subtil du concert à proximité n'aidait pas du tout.

Mon père a battu ma mère sans pitié, et ses supplications désespérées revenaient dans mon esprit comme si c'était arrivé récemment.

Je n'ai personne.

Juste à ce moment-là, j'ai senti une grande main chaude tapant avec hésitation sur mon épaule par derrière. J'ai presque oublié le gars. Je me suis retourné et j'ai vu un homme très attirant, quelque chose qui était assez rare pour moi.

Il portait une chemise bleu foncé avec un jean noir **déchiré**. Pourquoi n'ai-je pas remarqué avant ? Il avait un visage anguleux avec un léger chaume sur sa mâchoire bien définie. Ses cheveux étaient une masse sombre et **bouclée**, lui donnant une apparence de garçon, ce qui était tout le contraire de sa construction virile. Ses yeux étaient un gouffre sombre dans lequel je m'étais délicieusement noyé. J'ai été ramené à la réalité lorsqu'il m'a offert son mouchoir.

Il me regardait avec des yeux doux, comme si son regard allait me blesser. J'ai pris le mouchoir et essuyé mes larmes, ce qui était clairement une tentative pathétique car elles n'arrêtaient tout simplement pas de couler. [32]

Boire et s'évanouir.

Le seul mantra qui traversait mon cerveau. Soudain, je l'ai senti m'arracher mon verre des mains, ce qui n'a pas été apprécié, jusqu'à ce que je le regarde dans les yeux et que je voie quelque chose que j'avais été inconnu de toute ma vie.

De l'**inquiétude**.

Pour la première fois, j'ai eu l'impression d'avoir quelqu'un à qui parler.

J'étais ivre, et un petit signal me suffisait. Je n'ai pas pu m'en empêcher quand j'ai commencé à dévoiler toute ma vie devant un étranger.

« Si seulement les p-personnes n'acclamaient pas follement ce jour-là, si seulement il n'y avait pas de musique, pour commencer, elle aurait été en vie. »

---

déchiré	zerrissen
bouclé(e)	lockig

Ja, ich werde in Ohnmacht fallen jedoch, würde ich es keinem weiterempfehlen.

Ich merkte erst nicht, dass ich wieder anfing zu weinen. Der Alkohol erfüllte seinen Zweck nicht, schlimmer noch, er tat das Gegenteil. Nach einer Weile wurde mir schwindelig und ich setzte mich auf einen Hocker. Mein Verstand spielte meine schlimmsten Albträume nach, der subtile Klang des Konzerts in der Nähe war zudem überhaupt nicht hilfreich.

Mein Vater hat meine Mutter gnadenlos verprügelt. Ich erinnere mich an ihr verzweifeltes Flehen, als wäre es gestern gewesen.

Ich habe niemanden.

Genau in diesem Moment spürte ich eine große, warme Hand, die mir von hinten zögerlich auf die Schulter klopfte. Ich hatte ihn fast vergessen. Ich drehte mich um und sah einen sehr attraktiven Mann, etwas, das für mich ziemlich selten war.

Er trug ein dunkelblaues Hemd zu einer **zerrissenen** *schwarzen Jeans. Warum war mir das nicht schon früher aufgefallen? Er hatte ein kantiges Gesicht mit leichten Stoppeln anstelle seines Bartes. Sein Haar war eine dunkle, lockige Masse, die ihm ein knabenhaftes Aussehen verlieh, was allerdings das genaue Gegenteil seiner männlichen Konstruktion war. Seine Augen waren ein dunkler Abgrund, in dem ich lediglich ertrunken bin. Ich wurde in die Realität zurückgeholt, als er mir sein Taschentuch anbot.*

Er sah mich mit sanften Augen an, als ob sein Blick mich verletzen könnte. Ich nahm das Taschentuch und wischte mir die Tränen weg, was eindeutig ein erbärmlicher Versuch war, da sie einfach nicht aufhören wollten zu fließen.

Trinken und ohnmächtig werden.

Das einzige Mantra, das durch mein Gehirn lief. Plötzlich spürte ich, wie er mir mein Glas aus der Hand riss, was mir nicht gefiel, bis ich ihm in die Augen schaute und etwas sah, was mir mein ganzes Leben lang unbekannt war.

Besorgnis.

Zum ersten Mal hatte ich das Gefühl, jemanden zu haben, mit dem ich reden konnte.

Ich war betrunken, also reichte mir ein kleines Signal wie dieses. Ich konnte nicht anders, als diesem Fremden mein ganzes Leben zu enthüllen.

"Wenn die Menschen an diesem Tag nur nicht verrückt jubeln würden, wenn es nur keine Musik gäbe, um es vorwegzunehmen, wäre sie wohl noch am Leben." [33]

---

inquiétude Besorgnis

« Tu sais que je n'ai jamais eu quelqu'un à qui parler. Mon père a été arrêté et j'ai été envoyé dans un foyer d'accueil. » Je ne voulais pas qu'il me console ou qu'il me dise que tout irait bien. Je voulais juste quelqu'un à qui parler, et être ivre m'aidait vraiment. J'ai arrêté de babiller en sentant ses mains chaudes prendre mon visage. J'ai regardé dans ses yeux.

Il se pencha en avant, plongeant ses yeux dans les miens.

« Tu n'es pas seul. » Il essuya délicatement mes larmes.

« Je suis là. Avec toi. »

"Weißt du, ich hatte nie jemanden, mit dem ich reden konnte. Mein Vater wurde verhaftet und ich wurde in ein Kinderheim gesteckt".

Ich wollte nicht, dass er mich tröstet oder mir sagt, dass alles wieder gut wird. Ich wollte nur jemanden, mit dem ich reden konnte, und betrunken zu sein half mir gerade auch wirklich. Ich hörte auf zu lallen, als ich spürte, wie seine warmen Hände mein Gesicht umfassten. Ich schaute in seine Augen.

Er beugte sich vor und blickte tief in meine Augen.

"Du bist nicht allein." Er wischte mir sanft die Tränen weg.

"Ich bin hier. Bei dir."

Histoire 3

Une envie mortelle

Scène 1 : La gare

Le train s'approche lentement de la gare en émettant un cri perçant tandis que l'ingénieur du train appuie sur les freins. Une personne sort du train et pose le pied sur le sol de la gare. Il porte un costume gris sous un long manteau noir. Il semble être **dans la quarantaine** et ses cheveux devraient être gris maintenant, mais il les colore probablement en noir. Avec un regard féroce dans les yeux, il regarde la personne portant une planche avec son nom, « Steve », **dessus**. Steve s'approche de lui.

Steve : Allons-**y**.

Scène 2 : Sur la route

Steve est assis sur le siège arrière de la voiture et regarde dehors. **Il y a** beaucoup de bruit dans la ville et **malgré** le fait qu'il soit tard le soir, la vue ressemble à la journée à cause de toutes les lumières.

Chauffeur : Où allons-nous, détective ? Vous souhaitez faire une halte quelque part ou vous rendre directement à l'hôtel ?

Steve : Emmenez-moi au poste de police.

Conducteur : Maintenant ?

Steve : Maintenant.

Scène 3 : À l'extérieur du poste de police

La voiture s'arrête devant le poste de police et Steve sort de la voiture, se dirige vers la fenêtre du conducteur et remet un billet de 20 $ au conducteur.

---

dans la quarantaine	zwischen 40 und 49 Jahre alt
dessus	oben
y	dort(hin)

Ein tödliches Verlangen

Szene 1: Der Bahnhof

Der Zug nähert sich langsam dem Bahnhof und gibt einen durchdringenden Laut von sich, während der Zugfahrer die Bremsen betätigt. Eine Person steigt aus dem Zug und setzt ihren Fuß auf den Boden des Bahnhofs. Er trägt einen grauen Anzug unter einem langen schwarzen Mantel. Er scheint ***Mitte 40*** *zu sein und sein Haar sollte vermutlich grau sein, aber er färbt es wahrscheinlich schwarz. Mit einem grimmigen Blick in den Augen schaut er die Person an, die ein Brett mit seinem Namen "Steve" darauf trägt. Steve kommt auf ihn zu.*

Steve: Lass uns gehen.

Szene 2: Auf der Straße

Steve sitzt auf dem Rücksitz des Autos und schaut nach draußen. In der Stadt ist es sehr laut und ***obwohl*** *es spät abends ist, sieht die Aussicht wegen der vielen Lichter wie am Tag aus.*[35]

Fahrer: Wohin fahren wir, Detektiv? Möchten Sie irgendwo einen Zwischenstopp einlegen oder direkt zum Hotel fahren?

Steve: Bringen Sie mich zur Polizeistation.

Fahrer: Jetzt?

Steve: Jetzt.

Szene 3: Vor der Polizeistation

Das Auto hält vor der Polizeistation, Steve steigt aus, geht zum Fahrerfenster und übergibt dem Fahrer einen 20-Dollar-Schein.

---

il y a	es gibt
malgré	trotz, obwohl

Steve : Voilà.

Steve se retourne et se dirige vers le poste de police mais il entend une voix derrière lui.

Chauffeur : Combien de temps cela prendra-t-il, détective ? J'attendrai ici.

Steve : C'est bon, je serai là toute la nuit alors tu peux y aller.

Chauffeur : Mais le Chef a dit...

Steve : Je vais parler au Chef, il ne vous dérangera pas.

Steve monte les escaliers du poste de police et entre.

Scène 4 : À l'intérieur du commissariat

Steve s'approche de la réception et tape sur le comptoir, le réceptionniste endormi ouvre un œil pour voir qui a perturbé son sommeil. Cependant, lorsqu'il réalise qui se tient devant lui, il se lève précipitamment et s'appuie sur le comptoir avec ses deux mains.

Réceptionniste : Ah, c'est le détective Steve. Hum... Comment se sont passées vos vacances ?

Steve : Ce n'était pas des vacances, Peter, et je n'ai pas le temps de m'occuper de tes **manigances**. L'inspecteur Chris est-il en service ?

Peter : Oui, il vient d'arriver pour son service de nuit. Vous pouvez le trouver dans sa cabine.

Steve : Super.

Steve se retire de la réception et marche dans l'allée, à la recherche de la cabine de l'inspecteur Chris. Steve voit l'inspecteur assis devant son ordinateur, **en train de** regarder une comédie. Il s'approche de lui et montre sa présence en s'éclaircissant la gorge. Chris fait tourner sa chaise et voit Steve se tenir devant lui. [36]

Steve : Bonjour Chris.

---

manigances Machenschaften

Steve: Hier ist es.

Steve dreht sich um und geht auf die Polizeistation zu, aber er hört eine Stimme hinter sich.

Fahrer: Wie lange wird es dauern, Detektiv? Ich werde hier warten.

Steve: Schon gut, ich werde die ganze Nacht hier sein, also kannst du losfahren.

Fahrer: Aber der Chef hat gesagt....

Steve: Ich werde mit dem Chef sprechen, er wird Sie nicht stören.

Steve geht die Treppe zur Polizeistation hinauf und tritt ein.

Szene 4: In der Polizeistation

Steve geht zur Rezeption und klopft auf den Tresen. Der schlafende Rezeptionist öffnet ein Auge, um zu sehen, wer seinen Schlaf gestört hat. Als er jedoch erkennt, wer vor ihm steht, steht er hastig auf und stützt sich mit beiden Händen auf dem Tresen ab.

Rezeptionist: Ah, Detektiv Steve. Ähm ... Wie war Ihr Urlaub?

*Steve: Das war kein Urlaub, Peter, und ich habe keine Zeit, mich mit deinen **Machenschaften** zu beschäftigen.*

Steve: Ist Inspektor Chris im Dienst?

Peter: Ja, er ist gerade zu seiner Nachtschicht eingetroffen. Sie können ihn in seiner Kabine antreffen.

Steve: Na toll.

*Steve zieht sich von der Rezeption zurück und geht den Gang entlang, um nach der Kabine von Inspektor Chris zu suchen. Steve sieht den Inspektor vor seinem Computer sitzen, **während** dieser sich eine Komödie ansieht. Er geht auf ihn zu und macht auf sich aufmerksam, indem er sich räuspert. Chris dreht seinen Stuhl und sieht Steve vor sich stehen.*

Steve: Hallo Chris.

---

en train de während

Chris : Steve ? Que faites-vous ici ?

Steve : Vous savez ce que je fais ici. Je veux participer au meurtre de Bella Love.

Chris : Tu sais que ce n'est pas possible, non ? Après ce que vous avez fait, je doute que le chef vous dévoile **quoi que ce soit**, **encore moins** cette affaire.

Steve : Je vais en parler au chef, d'ici là, montrez-moi simplement le dossier et tout ce que vous avez rassemblé jusqu'à présent.

Chris lui jette un coup d'œil, puis pousse un profond soupir et commence à fouiller dans la pile de dossiers devant lui. Il sort un dossier très fin et le remet à Steve. Steve ouvre le dossier et commence à le consulter.

Chris : Le nom est Bella Love, 32 ans. Elle était au Festival des lumières, et est rentrée de la Place des Terreaux à Lyon, vers 23h30 le soir du 7 décembre, comme en a **témoigné** sa voisine Natalie Poet. Bella Love a été retrouvée morte le matin à 9h30, le laitier a trouvé la porte d'entrée de sa maison ouverte. Alors qu'il arrivait par curiosité, le cadavre de Bella gisait sur le sol. Aucune arme du crime n'a été trouvée autour d'elle. Selon le médecin légiste, elle a été poignardée au cou avec un objet pointu. Pas d'empreintes digitales, rien. Le meurtrier est toujours **en fuite** mais comme il n'y a pas assez de preuves, l'affaire a été suspendue.

Steve : Ouais, d'accord ! Quelle absurdité.

Steve met le dossier sous son bras et commence à sortir.

Steve : À demain Chris.

Scène 5: Le lendemain au commissariat

Chef : Vous avez **perdu la tête**, Steve ? Vous ne pouvez pas simplement entrer ici et créer une scène alors que vous savez déjà pourquoi vous avez été renvoyé du service en premier lieu.

Steve : Chef, c'est très important pour moi. Énumérez simplement...

---

quoi que ce soit	irgendetwas
encore moins	geschweige denn
témoigner	bezeugen

Chris: Steve? Was machen Sie hier?

Steve: Sie wissen, was ich hier mache. Ich will mich an der Ermordung von Bella Love beteiligen.

Chris: Du weißt, dass das nicht möglich ist, oder? Nach dem, was Sie getan haben, bezweifle ich, dass der Chief Ihnen ***irgendetwas*** *verraten wird,* ***geschweige denn*** *zu diesem Fall.*

Steve: Ich werde mit dem Chef reden, bis dahin zeigen Sie mir einfach die Akte und alles, was Sie bis jetzt gesammelt haben.

Chris wirft ihm einen Blick zu, seufzt dann tief und beginnt, den Aktenstapel vor ihm zu durchsuchen. Er zieht eine sehr dünne Mappe heraus und übergibt sie Steve. Steve öffnet die Akte und beginnt, sie zu überfliegen.

Chris: Der Name ist Bella Love, 32 Jahre alt. Sie war beim Festival des lumières und kam am Abend des 7. Dezember gegen 23.30 Uhr von der Place des Terreaux in Lyon zurück, wie ihre Nachbarin Natalie Poet ***bezeugte****. Bella Love wurde morgens um 9.30 Uhr tot aufgefunden. Der Milchmann fand die Eingangstür ihres Hauses offen vor. Als er aus Neugierde eintrat, lag Bellas Leiche auf dem Boden. In ihrer Umgebung wurden keine Tatwaffen gefunden. Laut dem Gerichtsmediziner wurde sie mit einem spitzen Gegenstand in den Hals gestochen. Es gab keine Fingerabdrücke, nichts. Der Mörder ist noch* ***auf der Flucht****, aber da es nicht genügend Beweise gibt, wurde der Fall ausgesetzt.*

Steve: Ja, alles klar! Was für ein Unsinn.

Steve klemmt die Akte unter seinen Arm und geht.

Steve: Bis morgen, Chris.

Szene 5: Am nächsten Tag auf der Polizeiwache

Chef: Haben Sie ***den Verstand verloren****, Steve? Sie können nicht einfach hier reinkommen und eine Szene machen, Sie wissen doch, warum Sie überhaupt aus dem Dienst entlassen wurden.*

Steve: Chef, das ist sehr wichtig für mich. Zählen Sie einfach auf...

---

en fuite	auf der Flucht
perdre la tête	den Verstand verlieren

Chef : Je n'entendrai pas un seul mot. Vous ne rejoignez pas le service jusqu'à ce que vous ayez terminé votre rééducation. Maintenant, posez le dossier sur la table et partez.

Steve plisse les yeux, furieux, il resserre sa prise sur le dossier mais finit par abandonner. Il pose le dossier sur la table du chef et sort du commissariat.

Réceptionniste : Le **voilà**.

Chris : Je savais qu'il devenait fou mais il aurait dû le garder pour lui.

Réceptionniste : Que peut-il faire ? La victime était sa fiancée avant qu'ils ne l'annulent en raison de sa tendance suicidaire.

Chris : C'est tellement triste qu'elle soit morte lors d'un si beau festival, plein de lumières et de bougies. Sur un événement qui vise à exprimer notre gratitude envers la mère de Jésus, Marie, en plus!

Réceptionniste : J'espère qu'il repartira tranquillement sans créer de gâchis.

Scène 6: Devant la maison de Bella Love

Steve se tient devant le porche de la maison quand quelqu'un l'appelle par derrière.

Nathalie : Bonjour... ?

Steve se retourne.

Nathalie : C'est toi Steve ?

Stéphane : Oui ?

Nathalie : Ah ! Bella parlait beaucoup de toi avec moi.

Steve : Vous étiez proches tous les deux ?

Natalie : Oui, **de temps en temps**, nous nous rencontrions lors des rassemblements communautaires.

---

voilà hier ist es!

Chef: Ich werde kein einziges Wort hören. Sie treten erst wieder in den Dienst ein, wenn Sie Ihre Rehabilitation abgeschlossen haben. Nun legen Sie die Akte auf den Tisch und gehen.

Steve kneift wütend die Augen zusammen, er verstärkt seinen Griff um die Akte, gibt aber schließlich nach. Er legt die Akte auf den Tisch des Chefs und verlässt das Revier.

*Rezeptionistin: **Da ist** er **ja**.*

Chris: Ich wusste, dass er verrückt wird, aber er hätte es für sich behalten sollen.

Rezeptionistin: Was kann er tun?

Chris: Das Opfer war seine Verlobte, bevor sie die Verlobung wegen seiner Selbstmordgefährdung auflösten.

Chris: Es ist so traurig, dass sie auf einem so schönen Festival voller Lichter und Kerzen gestorben ist. Und das auf einer Veranstaltung, die unsere Dankbarkeit gegenüber der Mutter von Jesus, Maria, zum Ausdruck bringen soll!

Rezeptionistin: Ich hoffe, dass er in Ruhe nach Hause gehen kann, ohne Chaos zu verursachen.

Szene 6: Vor dem Haus von Bella Love

Steve steht vor der Veranda des Hauses, als er jemand von hinten rufen hört.

Nathalie: Hallo...?

Steve dreht sich um.

Nathalie: Bist du das, Steve?

Steve: Ja?

Nathalie: Ah! Bella hat mir viel von ihnen erzählt.

Steve: Standen Sie sich beide nahe?

*Natalie: Ja, **ab und zu** trafen wir uns bei den Gemeindeversammlungen.*

---

de temps en temps ab und zu

Steve : Savez-vous quelque chose sur ce qui s'est passé cette nuit-là ?

Natalie : Je l'ai seulement vue rentrer juste avant minuit du festival. Elle était assez ivre.... Oh, elle parlait d'un pont et se plaignait en disant : « Il ne me rencontre plus là-bas ». **Cependant**, je ne sais pas ce que cela signifie.

En entendant cela, Steve a remercié la femme et est parti précipitamment.

Scène 7 : Sur le pont

Steve atteint le pont, loin dans les bois, en courant et haletant, il regarde autour de lui à la recherche d'un indice qu'il pourrait y trouver. C'était une excuse désolée pour un pont, c'était un chemin très mince sans aucune balustrade autour et à peine une personne pouvait marcher dessus. Le soleil se couche et Steve commence à reculer sans en avoir la moindre idée. Du coin de l'œil, il remarque un reflet dans les bois épais de l'autre côté du pont. Steve, dans un battement de cœur, commence à courir à travers le pont vers les bois.

Steve : Qui est là ?

Il voit quelqu'un courir dans les bois. Alors qu'il courait, son pied glisse et il tombe du pont.

Scène 8 : À l'hôpital

L'infirmière habille le temple de Steve. La porte s'ouvre brusquement et le chef entre.

Chef : Laissez-nous tranquilles.

L'infirmière récupère rapidement la trousse médicale et quitte immédiatement la pièce.

Chef : Vous avez une explication pour ce que vous avez fait ?

Steve : Qu'est-ce que tu veux dire ?

---

cependant allerdings

Steve: Wissen Sie etwas darüber, was in dieser Nacht passiert ist?

Natalie: Ich habe nur gesehen, wie sie kurz vor Mitternacht vom Festival nach Hause kam. Sie war ziemlich betrunken.... Oh, sie sprach von einer Brücke und beschwerte sich mit den Worten: "Dort trifft er mich nicht mehr". ***Allerdings*** *weiß ich nicht, was das bedeutet.*

Als Steve das hörte, bedankte er sich bei der Frau und ging eilig weg.

Szene 7: Auf der Brücke

Steve erreicht die Brücke weit im Wald, rennend und keuchend schaut er sich nach einem Hinweis um, den er dort finden könnte. Es war eine trostlose Ausrede für eine Brücke, es war ein sehr dünner Weg ohne jegliches Geländer drumherum und kaum jemand konnte darauf laufen. Die Sonne ging unter und Steve begann rückwärtszugehen, ohne eine Ahnung davon zu haben. Aus den Augenwinkeln bemerkt er eine Spiegelung in den dichten Wäldern auf der anderen Seite der Brücke. Mit einem Herzschlag beginnt Steve, über die Brücke in den Wald zu rennen.

Steve: Wer ist da?

Er sieht, wie jemand in den Wald rennt. Während er rennt, rutscht sein Fuß aus und er fällt von der Brücke.

Szene 8: Im Krankenhaus

Die Krankenschwester kleidet Steve an. Die Tür öffnet sich abrupt und der Chef tritt ein.

Chef: Lassen Sie uns bitte kurz in Ruhe.

Die Krankenschwester holt schnell die medizinische Ausrüstung und verlässt sofort den Raum.

Chef: Haben Sie eine Erklärung für das, was Sie getan haben?

Steve: Was meinst du damit?

Chef : Ce n'est pas parce que votre ancienne amante est morte que vous pouvez sortir et essayer de vous suicider. Si un passant ne vous avait pas trouvé, vous seriez mort d'une perte de sang.

Steve : Quoi ? Que pouvait-on y faire à ce moment-là ?

Chef : La question est qu'est-ce que VOUS faisiez là ? La personne m'a dit que vous étiez un fou actif, courant sur ce pont d'un coin à l'autre et criant comme un monstre.

Steve : Attendez, chef ! Quelqu'un d'autre était là. Quelqu'un me traquait depuis les bois quand je suis allé sur ce pont **car** il sait pourquoi j'étais là mais quand j'ai couru après.

Chef : Assez avec vos bêtises. Tu retournes en cure de désintoxication demain matin et je m'en assurerai.

Steve : Mais...

Le chef quitte la pièce pendant que Steve est assis là tout confus.

Scène 9 : Hôpital de nuit

Steve s'allonge sur le lit en pensant à ce qui s'est passé encore et encore. Il se passe quelque chose mais il ne peut pas simplement mettre le doigt dessus. En colère, Steve sort du lit, s'habille et sort de l'hôpital.

Scène 10 : Sur le pont la nuit

Steve se tient au milieu du pont, regardant autour de lui et regardant les bois follement.

Steve : Je sais que tu es là ! Montre-toi ! Qui es-tu ? Pourquoi as-tu tué Bella ? Réponds-moi ![43]

Steve a l'impression de perdre l'équilibre et de tomber en arrière. Il est sur le point de retomber du pont mais quelqu'un l'attrape par le col. Steve regarde devant lui.

---

car weil

Chef: Nur weil Ihre ehemalige Geliebte tot ist, können Sie nicht einfach rausgehen und versuchen, sich umzubringen. Wenn ein Passant Sie nicht gefunden hätte, wären Sie an Blutverlust gestorben.

Steve: Was? Was hätte man zu diesem Zeitpunkt dagegen tun können?

Chef: Die Frage ist, was SIE dort gemacht haben? Die Person hat mir erzählt, dass Sie wie ein Verrückter, auf dieser Brücke von einer Ecke zur anderen rannte und wie ein Monster schrien.

Steve: Warten Sie, Chef! Jemand anderes war dort. Jemand hat mich aus dem Wald verfolgt, als ich auf diese Brücke ging, ***weil*** *er weiß, warum ich dort war, aber als ich hinterherlief...*

Chef: Genug mit deinen Dummheiten. Sie gehen morgen früh wieder in die Entzugsklinik, dafür werde ich persönlich sorgen.

Steve: Aber ...

Der Chef verlässt den Raum, während Steve ganz verwirrt dasitzt.

Szene 9: Nachtkrankenhaus

Steve liegt auf dem Bett und denkt wieder und wieder darüber nach, was passiert ist. Irgendetwas geht vor sich, doch er weiß einfach nicht was. Wütend steigt Steve aus dem Bett, zieht sich an und verlässt das Krankenhaus.

Szene 10: Nachts auf der Brücke

Steve steht in der Mitte der Brücke, schaut sich um und blickt wild in den Wald.

Steve: Ich weiß, dass du da bist! Zeig dich doch! Wer bist du? Warum hast du Bella getötet?

Steve: Antworte mir doch!

Steve hat das Gefühl, das Gleichgewicht zu verlieren und nach hinten zu fallen. Er ist kurz davor, wieder von der Brücke zu fallen, als jemand ihn am Kragen packt. Steve schaut nach vorne.

Steve : Nathalie ?

Nathalie : Bonjour, Steve.

Steve : ... !

Nathalie : À court de mots ? C'est bon. La même chose est arrivée à Bella quand elle était **sur le point de** mourir.

Steve : Toi ?!! Pourquoi ?

Nathalie : Oui, moi. Est-ce que je t'ai dit combien Bella a souffert à cause de toi ? Chaque fois que nous nous rencontrions, elle ne parlait que de toi et je pouvais sentir la douleur dans sa voix. Quand je l'ai tuée ce jour-là, je savais que tu viendrais. Je sais tout de vous. Maintenant, elle est dans une meilleure place. Pourquoi n'as-tu pas pu lui donner l'amour qu'elle méritait ?

Steve ne pouvait rien traiter.

Steve : Espèce de folle !

Nathalie : Folle ? Oh oui ! Follement amoureuse de la femme dont tu ne te soucies pas. Mais c'est bon, je vais venger ses sentiments.

Steve entend le bruit d'un véhicule qui s'approche sur la route en contrebas, c'était un camion. Steve regarde Natalie avec ses yeux grands ouverts alors que Natalie enlève son collier.

Natalie : Vous adorez les tentatives de suicide, n'est-ce pas ? Eh bien, je vais vous aider cette fois sans faute. C'est de ta faute, **après tout** !

Alors que Steve tombe, il tend la main vers Natalie et crie tandis que Nathalie se tient sur le pont, souriant si grand que ses dents blanches brillaient sous le clair de lune.

Steve: Nathalie?

---

sur le point de kurz vor

Nathalie: Hallo, Steve.

Steve: ...!

Nathalie: Um Worte verlegen?

Steve: Das ist schon in Ordnung. Dasselbe ist Bella passiert, als sie kurz vor ihrem Tod stand.

Steve: Du?!! Warum?

Nathalie: Ja, ich. Habe ich dir erzählt, wie sehr Bella wegen dir gelitten hat? Jedes Mal, wenn wir uns getroffen haben, hat sie nur von dir geredet und ich konnte den Schmerz in ihrer Stimme spüren. Als ich sie an jenem Tag tötete, wusste ich, dass du kommen würdest. Ich weiß alles über dich. Jetzt ist sie an einem besseren Ort. Warum konntest du ihr nicht die Liebe geben, die sie verdient hat?

Steve konnte das gerade nicht richtig verarbeiten.

Steve: Du verrückte Schlampe!

Nathalie: Verrückt? Oh ja!!! Wahnsinnig verliebt in die Frau, um die du dich nicht kümmerst. Aber das ist in Ordnung, ich werde ihre Gefühle rächen.

Steve hört das Geräusch eines Fahrzeugs, das sich auf der Straße unterhalb nähert, es war ein Lastwagen. Steve schaut Natalie mit weit aufgerissenen Augen an, während Natalie ihre Halskette abnimmt.

Natalie: Sie lieben Selbstmordversuche, nicht wahr? Nun, dieses Mal werde ich Ihnen auf jeden Fall helfen. Es ist ***schließlich*** *ihre Schuld!*

Als Steve fällt, streckt er seine Hand nach Natalie aus und schreit, während Natalie auf der Brücke steht und so breit lächelt, dass ihre weißen Zähne im Mondlicht glänzen.

---

après tout schließlich

Stufe 12

Kurzgeschichten Niveau 2

Histoire 4

Une Nuit de Terreur

Je vérifie mon téléphone pour l'heure ; 23h49 J'attends une seconde pour interrompre mes amis **au milieu de** leurs conversations à propos de quel krewe a fait le meilleur char aujourd'hui.

Avant que je puisse intervenir, Kayla se tourne vers moi « je n'arrive pas à croire que tu aies montré tes seins à la **foule** », crie-t-elle **ivre** dans l'atmosphère **bruyante**, « je n'aurais jamais pensé que tu **aurais les couilles** pour faire ça ! »

Je ris « on est en France, et c'est le carnaval, n'est-ce pas ? Quel meilleur moment pour se défouler que le Mardi Gras ? » J'essaie de me rassurer sur ma décision — tout le monde le fait, personne n'aurait pu avoir le temps de prendre une photo.

« Alors il se fait tard, je dois y aller, j'ai des cours demain », dis-je juste au moment où une serveuse s'approche de notre table.

Elle pose un verre devant moi et sourit « de la part du monsieur au bar. »

Je me retourne pour regarder à travers le bar encombré, où j'aperçois un homme portant un masque volto et une chemise blanche qui soulève son verre vers moi.

Je regarde la serveuse et demande « pouvez-vous reprendre ça ? Je n'accepte pas les boissons des inconnus », elle semble confuse quant à la raison pour laquelle quelqu'un refuserait une boisson gratuite « eh bien, c'est déjà payé, êtes-vous sûr ? »

Le petit ami de Kayla a **attrapé** la boisson et l'a avalée d'une **gorgée** avant qu'elle ne puisse la finir phrase, hurlant « boisson gratuite ! »

La serveuse hausse les épaules et s'en va, me laissant faire mes adieux et me frayer un chemin à travers la foule et sortir par la porte.

---

au milieu de	inmitten
foule	Menschenmenge
ivre	betrunken
bruyant, bruyante	laut (*Die Endung -e ist die weibliche Deklination des Adjektivs*)

Eine Nacht des Terrors

Ich schaue auf meinem Handy nach der Uhrzeit; 23:49 Uhr. Ich warte eine Sekunde, um meine Freunde ***inmitten*** *ihrer Gespräche darüber, welcher „Krewe" (Karnevalsveranstalter) heute den besten Umzugswagen gemacht hat, zu unterbrechen.*

Bevor ich eingreifen kann, dreht sich Kayla zu mir um und sagt: "Ich kann nicht glauben, dass du der ***Menge*** *deine Brüste gezeigt hast", schreit sie* ***betrunken*** *in die* ***laute*** *Atmosphäre, "Ich hätte nie gedacht, dass du* ***die Eier hast****, das zu tun!"*

Ich lache "Wir sind in Frankreich und es ist Karneval, nicht wahr? Gibt es einen besseren Zeitpunkt, um sich auszutoben, als an Karneval?" Ich versuche, mich in meiner Entscheidung zu bestärken - alle machen es, niemand hätte Zeit für ein Foto gehabt.

"Es ist echt spät geworden, ich muss los, ich habe morgen Unterricht", sage ich gerade, als eine Kellnerin an unseren Tisch tritt.

Sie stellt ein Glas vor mir ab und lächelt. "Von dem Herrn an der Bar".

Ich drehe mich um und schaue durch die überfüllte Bar, wo ich einen Mann mit einer Volto-Maske und einem weißen Hemd erblicke, der sein Glas hebt und mich anschaut.

Ich schaue die Kellnerin an und frage: "Können Sie das zurücknehmen? Ich nehme keine Getränke von Fremden an", sie scheint verwirrt darüber zu sein, warum jemand ein Gratisgetränk ablehnen sollte. "Na ja, es ist ja schon bezahlt, sind Sie sicher?".

Kaylas Freund ***greift*** *nach dem Getränk und schluckt es mit einem* ***Schluck*** *hinunter, bevor sie den Satz beenden kann, und schreit dabei "Gratisgetränk!".*

Die Kellnerin zuckte mit den Schultern und ging, sodass ich mich verabschieden, mir einen Weg durch die Menschenmenge bahnen, und aus der Tür gehen, konnte.

---

avoir les couilles	die Eier haben
attraper	greifen
gorgée	Schluck

Un peu ivre, j'ai du mal à marcher dans ma grande robe vénitienne, reconnaissante d'avoir choisi de porter mes chaussures de course pour plus de confort. Je mets mes écouteurs et me perds dans le flot de la musique.

Le temps passe rapidement alors que je descends dans le métro et retourne à mon appartement. En sortant du train à ma gare, je trébuche en arrière et quelqu'un m'attrape.

« Je suis désolé », je marmonne, riant à ma propre **maladresse**.

« C'est **tout à fait** correct », répond un homme avec un accent que je ne peux pas tout à fait situer, étouffé par son masque.

Je retire mes **écouteurs** et me tourne pour regarder qui m'a attrapé, me retrouvant face à face avec une autre personne portant un masque volto — est-ce juste moi ou est-ce la même personne du bar ? La **pensée** nage dans ma tête, avant que je la repousse.

Non, ce n'est pas possible, des milliers de personnes portent des masques ici, il y en aura forcément des similaires.

Je ris à l'idée qu'ils pourraient être la même personne et ce faisant, je me penche très légèrement en avant, faisant glisser mon sac à main le long de mon bras et le contenu s'éparpiller sur le sol.

« Oh mon Dieu ! » Je me suis accroupi pour rassembler mes affaires, embarrassé, et l'homme a gracieusement proposé de m'aider à ramasser mes affaires.

Je glisse rapidement le tout dans mon sac à main, je prononce un rapide désolé et merci, et je m'éloigne.

Je rentre chez moi sous les projecteurs des lampadaires clairsemés, ayant l'impression étrange que quelqu'un qui marche derrière moi est sur le point de me rattraper, mais chaque fois que je me retourne, il n'y a personne d'autre et je me dis que c'est seulement un sentiment de paranoïa qui vient de ne pas être sobre.

La pluie commence à tomber juste au moment où je rentre à la maison, je monte les marches, mes clés en main, et je pose mon sac avant de déverrouiller la porte. La pluie n'aide pas beaucoup, mais finalement j'ai trouvé la bonne clé et j'ouvre la porte d'entrée. Je rentre et ferme la porte avec un claquement, et avec un grand soupir j'enlève ma veste et je jette mes clés sur la table.

---

maladresse Ungeschicklichkeit
tout à fait völlig

Etwas angetrunken habe ich Schwierigkeiten, in meinem großen venezianischen Kleid zu laufen, und bin dankbar, dass ich mich aus Bequemlichkeit für meine Laufschuhe entschieden habe. Ich setze meine Kopfhörer auf und verliere mich im Fluss der Musik.

Die Zeit vergeht schnell, während ich in die U-Bahn steige und zu meiner Wohnung zurückkehre. Als ich an meinem Bahnhof aus dem Zug steige, stolpere ich rückwärts und jemand packt mich.

„Es tut mir leid", murmle ich und lache über meine eigene ***Ungeschicklichkeit****.*

"Das ist ***völlig*** *in Ordnung", antwortet ein Mann mit einem Akzent, den ich nicht ganz zuordnen kann, da er von seiner Maske gedämpft wird.*

Ich nehme meine ***Kopfhörer*** *ab und drehe mich um, um zu sehen, wer mich gepackt hat, wobei ich mich Auge in Auge mit einer anderen Person mit einer Volto-Maske wiederfinde - bin das nur ich oder ist das dieselbe Person aus der Bar? Der* ***Gedanke*** *schwimmt in meinem Kopf herum, bevor ich ihn wegschiebe.*

Nein, das kann nicht sein, Tausende von Menschen tragen hier Masken, es wird zwangsläufig ähnliche geben.

Ich schmunzele bei dem Gedanken, dass dies ein und dieselbe Person sein könnten, dabei beuge ich mich ganz leicht nach vorne, sodass meine Handtasche an meinem Arm herunterrutscht und sich der Inhalt über den gesamten Boden verteilt.

"Oh mein Gott!" Ich ging in die Hocke, um verlegen meine Sachen zusammenzusuchen, während der Mann mir gnädiger Weise anbot, mir beim Aufheben meiner Sachen zu helfen.

Ich stecke alles wieder schnell in meine Handtasche, entschuldige und bedanke mich und gehe weg.

Ich gehe im Scheinwerferlicht der spärlichen Straßenlaternen nach Hause und habe das seltsame Gefühl, dass jemand, der hinter mir geht, mich gleich einholen wird, aber jedes Mal, wenn ich mich umdrehe, ist niemand anderes da und ich sage mir, dass es nur ein paranoides Gefühl ist, das daher rührt, dass ich nicht nüchtern bin.

Es beginnt genau in dem Moment, als ich nach Hause komme, zu regnen. Ich gehe die Treppe hinauf mit meinem Schlüssel in der Hand und stelle kurz meine Tasche ab, bevor ich die Tür aufschließe. Der Regen ist keine große Hilfe, jedoch habe ich schnell den richtigen Schlüssel gefunden und öffne die Haustür. Ich gehe hinein und schließe die Tür hinter mir. Mit einem lauten Seufzer ziehe ich meine Jacke aus und werfe meine Schlüssel auf den Tisch.

écouteurs	Kopfhörer
pensée	Gedanke

Je me jette sur le canapé et enlève mes chaussures avant de chercher mon téléphone dans mon sac.

Mon cœur tombe dans mon estomac que je me rends compte qu'il n'est pas là, dans une panique je recherche dans mes poches de robes, et je regarde par terre pour voir si j'aurais pu le laisser tomber.

Oh non ! — j'ai une soudaine réalisation — *je dois les avoir échappés dans la station de métro.*

Alors que je me réprimande de ne pas être revenu plus tôt, ma ligne de mire s'installe sur la ligne de téléphone fixe, assise inutilisée sur le comptoir depuis que j'ai emménagé.

« Je ne pense littéralement jamais avoir utilisé cela », je me dis alors que je vais le ramasser — heureusement, il est connecté à la ligne téléphonique souterraine et je compose mon numéro.

Je m'affale sur le canapé et frotte mes pieds endoloris l'un contre l'autre alors que je commence à défaire les bretelles de ma robe. La ligne sonne trois fois avant de décrocher. J'attends de voir qui répond mais personne ne parle, alors je dis provisoirement « bonjour ? »

Une voix masculine parle « qui est-ce ? » — pourtant il y avait quelque chose qui cloche.

« Je suis le propriétaire de ce téléphone. » Je commence, ne sachant pas comment procéder.

« Oh vraiment ? » Il ne semble pas surpris, « comme c'est gentil. »

« Eh bien, merci d'avoir trouvé mon téléphone, y a-t-il un moyen de le ravoir ? » Je demande, désespéré de récupérer mon téléphone « Je pourrais même t'offrir une récompense. » J'adoucie l'affaire en espérant qu'il ne le volera pas.

« Tu es tellement *aimable* » — les mots sont crachés avec un tel dégoût et un tel sarcasme que cela me choque. Peut-être qu'il espérait garder le cellulaire ?

« Pouvons-nous nous retrouver à la station de métro ? » Je demande en espérant qu'il puisse venir le plus tôt possible.

« Demain à neuf heures », il répond d'un ton bourru.

« Oh merci b- », il me raccroche au nez !

Ich werfe mich auf die Couch und ziehe meine Schuhe aus, bevor ich in meiner Handtasche nach meinem Handy suche.

Mir fällt das Herz in den Magen, als ich merke, dass es nicht da ist. In Panik durchsuche ich die Taschen meines Kleides und schaue auf den Boden, um zu sehen, ob ich es fallen gelassen haben könnte.

Oh nein! - wird mir plötzlich klar - es muss mir in der U-Bahn-Station entwischt sein.

Während ich schimpfe, dass ich nicht früher zurückgekommen bin, richtet sich mein Blick auf die Festnetztelefonleitung, die seit meinem Einzug ungenutzt auf dem Tresen liegt.

„Ich glaube, ich habe das buchstäblich nie benutzt“, also sage ich mir, dass ich es aufheben werde - glücklicherweise ist diese an die unterirdische Telefonleitung angeschlossen, also wähle ich meine Nummer.

Ich lasse mich auf die Couch fallen und reibe meine schmerzenden Füße aneinander, während ich beginne, die Träger meines Kleides zu öffnen. Die Leitung klingelt dreimal, bevor jemand abhebt. Ich warte, um zu sehen, wer abhebt, aber niemand spricht, also sage ich kurz "Hallo?".

Eine männliche Stimme spricht "Wer ist da?“ - Irgendetwas stimmte nicht.

Ich weiß nicht, wie ich vorgehen soll. "Ich bin der Besitzer dieses Telefons".

„Ach wirklich?“ Er scheint nicht überrascht zu sein: "Wie nett von Ihnen."

„Nun, danke, dass Sie mein Handy gefunden haben, gibt es eine Möglichkeit, es zurückzubekommen?“ Ich frage verzweifelt, weil ich mein Handy wiederhaben möchte, „Ich könnte dir sogar eine Belohnung anbieten.“ Ich versüße die Angelegenheit und hoffe, dass er es nicht stiehlt.

„Du bist so freundlich“ - die Worte werden mit so viel Ekel und Sarkasmus ausgespuckt, dass es mich schockiert. Vielleicht hatte er gehofft, das Handy behalten zu können?

„Können wir uns an der U-Bahn-Station treffen?“ Ich frage in der Hoffnung, dass er so schnell wie möglich kommen kann.

„Morgen um neun Uhr“, antwortet er.

„Oh danke, b-", er legt auf!

Avec un soupir, j'**allume** la télé et sors mon ordinateur portable pour regarder mes réseaux sociaux, pensant à ce que pourrait être le problème de ce type.

Je me réveille dans le noir à la lumière de mon écran d'ordinateur portable sur la table devant moi. La pluie frappe plus fort les fenêtres maintenant, le bruit résonnant dans toute la maison.

J'efface la somnolence de mes yeux et je me concentre sur l'écran. Quelqu'un m'a envoyé un message sur les réseaux sociaux, et je l'ouvre.

À mon grand étonnement, c'est une photo de moi, exposant mes seins avec d'autres femmes sur un char du mardi gras.

L'effroi se répand dans mon corps et j'ai l'impression d'avoir été immergé dans l'eau froide. Je clique rapidement sur le profil qui l'a envoyé pour obtenir plus d'informations de leur part, mais la page « ce site est inaccessible » **s'affiche** et je me rends compte que j'ai perdu ma connexion Internet à cause d'une panne de courant.

C'est pour ça qu'il fait si noir, ça doit être dû à l'orage, je pense.

J'attrape mon téléphone pour signaler la panne de courant, avant de me souvenir que je ne l'ai pas, quand tout à coup la ligne fixe sonne, me faisant littéralement sursauter.

Qui pourrait appeler en ce moment ? La seule personne qui avait ce numéro, c'était le gars que j'ai appelé plus tôt...

Je décroche avec hésitation le téléphone « bonjour ? »

« Qui est-ce? », demande l'étranger, et mes yeux se tournent vers mon horloge, qui indique 3h21 du matin.

« Pourquoi appelez-vous à cette heure ? Est-ce à propos de mon téléphone ? » je demande, un peu ennuyé qu'ils appellent si tard.

« Tu as une si belle voix... », disent-ils, ce qui me fait froid dans le dos.

« Je pense que tu t'es **trompé** de numéro, mon pote », lui dis-je et raccroche. Avant que je puisse remettre le téléphone sur son socle, il sonne à nouveau.

Agacé, je réponds à la première sonnerie, mais avant de pouvoir dire quoi que ce soit à la personne il crache « tu n'oses plus jamais me raccrocher au nez, c'est clair ?! »

Je me moque « sinon quoi ? »

---

allumer	einschalten
s'affiche	man zeigt

Mit einem Seufzer ***schalte*** *ich den Fernseher* ***ein*** *und hole meinen Laptop heraus, um meine sozialen Netzwerke zu durchsuchen, während ich darüber nachdenke, was das Problem dieses Typen sein könnte.*

Ich wache im Dunkeln, im Licht meines Laptopbildschirms auf dem Tisch vor mir, auf. Der Regen prasselt jetzt stärker auf die Fenster, das Geräusch hallt durch das ganze Haus.

Ich wische die Schläfrigkeit aus meinen Augen und konzentriere mich auf den Bildschirm. Jemand hat mir eine Nachricht über die sozialen Netzwerke geschickt, also ich öffne sie.

Zu meinem Erstaunen ist es ein Foto von mir, auf dem ich meine Brüste zusammen mit anderen Frauen auf einem Karnevalswagen zur Schau stelle.

Der Schrecken breitet sich in meinem Körper aus und ich habe das Gefühl, in kaltes Wasser getaucht worden zu sein. Ich klicke schnell auf das Profil, das sie geschickt hat, um weitere Informationen von ihnen zu erhalten, doch dann ***wird*** *nur "Diese Seite ist nicht erreichbar"* ***angezeigt*** *und ich stelle fest, dass ich meine Internetverbindung aufgrund eines Stromausfalls verloren habe.*

Deshalb ist es so dunkel, das liegt wohl an dem Gewitter, denke ich.

Ich greife nach meinem Telefon, um den Stromausfall zu melden, während mir wieder einfällt, dass ich es nicht habe. Plötzlich klingelt das Festnetz, was mich buchstäblich zusammenzucken lässt.

Wer könnte in diesem Moment anrufen? Die einzige Person, die diese Nummer hatte, war der Typ, den ich vorhin angerufen hatte ...

Zögernd nehme ich den Hörer ab "Hallo?".[51]

"Wer ist da?", fragt der Fremde und mein Blick wandert zu meiner Uhr, die 3:21 Uhr anzeigt.

"Warum rufen Sie um diese Uhrzeit an? Geht es um mein Telefon?", frage ich und ärgere mich ein wenig darüber, dass er so spät anruft.

"Du hast so eine schöne Stimme...", sagte er, was mir einen kalten Schauer über den Rücken jagt.

"Ich glaube, du hast ***dich*** *in der Nummer* ***geirrt,*** *Kumpel", sage ich und lege auf. Bevor ich das Telefon wieder in die Halterung stecken kann, klingelt es erneut.*

Genervt gehe ich beim ersten Klingeln ran, aber bevor ich der Person etwas sagen kann, spuckt er aus: "Du wirst dich nie wieder trauen, aufzulegen, ist das klar?!".

Ich erwidere: "Sonst passiert was?"

---

trompé verkehrt, sich geirrt haben

Le silence suit. Je me dirige vers la porte d'entrée pour m'assurer qu'elle est bien verrouillée.

« Tu sais, tu ne m'as jamais dit ton nom », dit-il enfin.

« Pourquoi est-ce que tu t'en préoccupes ?! »

« Parce que je veux savoir qui je regarde »

Je me fige « quoi ? Est-ce une sorte de blague de malade ?! »

« C'est **plutôt** un jeu, vraiment », répond-il d'un ton sinistre.

Je laissai échapper un sanglot qui le fit rire. Est-il dehors en ce moment ?

Je raccroche immédiatement au nez et compose la ligne d'urgence, qui répond rapidement.

« Bonjour »

Avant que je puisse parler, une voix sonne derrière moi.

« Je t'avais dit de ne pas me raccrocher au nez » grogne-t-il. Je me retourne pour voir l'homme au masque volto, et cette fois, je sais que c'est le même gars. Il m'a vu aujourd'hui, m'a suivi jusqu'au bar, et quand il n'a pas pu attirer mon attention, il m'a suivi chez moi.

Je tiens le téléphone contre ma poitrine pour étouffer la voix, pour qu'il ne sache pas que j'ai déjà appelé la police.

« Que voulez-vous de moi ?! » Je crie et il répond « Je te l'ai dit. Je veux jouer à un petit jeu. » Sa voix s'assombrit, et il fait un pas vers moi.

Avec un cri, je lance le téléphone dans sa direction et me retourne pour courir sans attendre.

Je l'ai entendu poser sa marque et l'homme crier de douleur, et je me jette contre la porte, la débarre en **vitesse** record, tire la porte ouverte et je me lance pieds nus dans la pluie en hurlant comme une folle.

J'ai couru de l'autre côté de la rue, là où mon voisin regardait déjà par sa porte. En poussant mon chemin à l'intérieur, la famille m'a réconforté.[52]

Je regarde par la fenêtre reflétant le rouge et le bleu des voitures de police venant en sens inverse, et je ne vois personne.

Je sanglote plus fort en réalisant que même si l'homme s'est enfui, il sait où je vis.

---

plutôt	eher

Es folgt Schweigen. Ich gehe zur Haustür, um mich zu vergewissern, dass sie verschlossen ist.

"Weißt du, du hast mir nie deinen Namen gesagt", sagt er schließlich.

"Warum interessiert dich das überhaupt?!"

"Weil ich wissen will, wen ich anschaue."

Ich erstarre: "Was? Ist das so eine Art kranker Scherz?!"

"Es ist ***eher*** *ein Spiel, eigentlich", antwortete er grimmig.*

Ich schluchzte auf, woraufhin er lachte. Ist er jetzt gerade draußen?

Ich lege sofort auf und wähle die Notrufnummer, die sich schnell meldet.

" Hallo "

Bevor ich etwas sagen kann, ertönt eine Stimme hinter mir.

"Ich habe dir doch gesagt, dass du nicht auflegen sollst", knurrt er. Ich drehe mich um, um den Mann mit der Volto-Maske zu sehen, und dieses Mal weiß ich, dass es derselbe Typ ist. Er hat mich heute gesehen, ist mir in die Bar gefolgt und als er meine Aufmerksamkeit nicht mehr auf sich ziehen konnte, ist er mir nach Hause gefolgt.

Ich halte das Telefon an meine Brust, um die Stimme zu dämpfen, damit er nicht merkt, dass ich bereits die Polizei angerufen habe.

"Was wollen Sie von mir?!" Ich schreie und er antwortet: "Ich habe dir doch gesagt, ich will ein kleines Spiel spielen." Seine Stimme wird dunkler und er macht einen Schritt auf mich zu.

Mit einem Schrei werfe ich das Handy in seine Richtung und drehe mich um, um ohne zu zögern loszulaufen.

*Ich höre, wie er seine Marke richtet und vor Schmerz schreit. Ich werfe mich gegen die Tür, reiße sie in Rekord**geschwindigkeit** auf und stürze mich barfuß in den Regen, wobei ich wie eine Verrückte schreie.*

Ich rannte auf die andere Straßenseite, wo mein Nachbar bereits aus seiner Tür schaute. Als ich meinen Weg ins Haus drängte, tröstete mich die Familie.

Ich schaue aus dem Fenster, in dem sich das Rot und Blau der entgegenkommenden Polizeiautos spiegelt, doch sehe niemanden.

Ich schluchze noch lauter, als mir klar wird, dass der Mann zwar geflohen ist, allerdings weiß er, wo ich wohne...

---

vitesse Geschwindigkeit

Histoire 5

Un Amour Florissant

« Harold ? Préfères-tu du thé vert ou noir ? Harold ? » Une femme **âgée** appelle de sa cuisine pendant qu'elle prépare du thé. Quand elle n'obtient pas de réponse, elle **jette un coup d'œil** par la porte « Harold, qu'est-ce que tu fais, **nom de Dieu** ? Tu n'es pas déjà décédé, j'espère ? »

L'homme appelé Harold sort de sa stupeur « je suis désolé chérie, je regardais juste les iris en fleurs, ne sont-ils pas merveilleux à cette période de l'année ? » Il lui demande.

« Oui, oui, très belles » souffle sa femme, « maintenant tu veux du thé vert ou noir ? » Elle demande à nouveau.

« Thé noir, s'il vous plaît », répond-il.

Alors que sa femme s'affaire à préparer une théière, Harold interpelle à nouveau.

« Chérie ? Peux-tu m'apporter quelques-uns de ces biscuits que j'aime tant ? »

Elle fait bouillir l'eau et sort les biscuits, avant de s'asseoir dans le **fauteuil** en face du sien.

Harold la regarde avec amour « tes yeux sont toujours aussi brillants que le jour où je t'ai rencontré. »

Leah halète, faisant semblant d'être offensée « seulement mes yeux ? »

Harold rit en réponse « Eh bien, je ne peux pas dire que tu as très bien vieilli. »

Sa femme lui donne une tape sur le genou en plaisantant « Je peux dire la même chose pour toi, vieux sac de pommes de terre ridé ! »

Le couple éclate de rire avant de retrouver le silence en regardant par la fenêtre les couples et les amis se diriger vers les concerts.

Leah regarde son mari alors qu'il ramasse un biscuit sec, la manche de sa chemise descendant pour exposer son tatouage, une série de chiffres utilisés pour l'identifier.

âgé(e)	alt
jetter un coup d'œil	einen Blick werfen

Eine blühende Liebe

"Harold? Möchtest du lieber grünen oder schwarzen Tee? Harold?" ruft die ***ältere*** *Dame aus ihrer Küche, während sie sich einen Tee zubereitet. Als sie keine Antwort erhält,* ***wirft*** *sie* ***einen Blick*** *durch die Tür: "Harold,* ***was zum Teufel*** *machst du da? Du bist doch nicht etwa schon verstorben?"*

Der Mann namens Harold löst sich aus seiner Verblüffung "Es tut mir leid, Schatz, ich habe mir nur die blühenden Schwertlilien angesehen, sind sie nicht wunderschön zu dieser Jahreszeit?" fragt er sie.

"Ja, ja, sehr schön", haucht seine Frau, "möchtest du jetzt grünen oder schwarzen Tee?" fragt sie erneut.

"Schwarzer Tee, bitte", antwortet er.

Während seine Frau damit beschäftigt ist, eine Teekanne vorzubereiten, ruft Harold erneut.

"Schatz? Kannst du mir ein paar von den Keksen bringen, die ich so gerne mag?"

Sie bringt das Wasser zum Kochen und nimmt die Kekse heraus, bevor sie sich in den ***Sessel*** *gegenüber von seinem setzt.*

Harold schaut sie liebevoll an "Deine Augen sind immer noch so strahlend wie an dem Tag, an dem ich dich kennengelernt habe".

Leah schnappt nach Luft und gibt sich beleidigt "Nur meine Augen?"

Harold lacht und antwortet " Nun, ich kann nicht sagen, dass du sehr gut gealtert bist."

Seine Frau klopft ihm scherzend auf das Knie "Dasselbe kann ich auch von dir sagen, du alter, faltiger Kartoffelsack!"

Das Paar bricht in schallendes Gelächter aus, bevor es wieder still wird und aus dem Fenster beobachtet, wie andere Paare mit ihren Freunden zu den Konzerten gehen.

Leah schaut ihrem Mann nach, als er einen trockenen Keks aufhebt, während sein Hemdsärmel nach unten rutscht und seine Tätowierung freilegt. Eine Reihe von Zahlen, die zur Identifizierung des Mannes verwendet wurden.

---

nom de Dieu	um Himmels willen
fauteuil	Sessel

« Je **me souviens** » commence Harold « quand j'ai décidé pour la première fois de déménager en Belgique. J'étais arrivée juste au moment où les iris commençaient à fleurir, et j'étais étonnée que le monde puisse contenir de si belles choses, encore plus quand je t'ai vu debout dans le parc. »

« Je vendais des hot-dogs », se souvient-elle, « et tu as proposé de tout me racheter juste que j'étais libre d'aller sortir avec toi. »

« Meilleur investissement que j'ai fait dans toute ma vie ! »

« Et ensuite tu n'avais littéralement pas d'argent pour la sortie », Leah gronde « mais nous avons eu plaisir. »

« N'**es**-tu pas **ravie** que la Région de Bruxelles-Capitale ait décidé d'ériger la Fête de l'Iris à la date de notre rencontre ? »

« Si par ravie tu veux dire que tu pouvais trouver pas cher à notre anniversaire avec des concerts gratuits et de la nourriture de rue, alors oui, je suppose que c'était le cas. »

« Mais, par contre, le festival n'a commencé qu'en 2003, et nous sommes mariés depuis presque 60 ans » son mari se défend.

« Je plaisante, chérie », dit Leah, « au début, je ne t'ai pas reconnue, mais quand j'ai réalisé que tu m'avais retrouvée, j'étais incroyablement heureuse de passer le reste de ma vie avec toi ! »

« Après nous être rencontrés dans le camp de concentration de Dachau pendant la Seconde Guerre mondiale, et nous nous sommes promis que nous nous retrouverons, tu étais la seule chose qui m'a donné l'**espoir** d'une vie meilleure, même lorsque j'ai perdu espoir en moi et ma foi. » Harold continue « quand je suis sorti, j'ai mis tout ce que j'avais pour te trouver, et après 2 ans, je l'ai fait. »

« Tu ne m'as jamais dit que ça t'avait pris 2 ans ! » Sa femme halète « Je suis très heureuse que tu n'a jamais cessé de me chercher. »

Ils entendent la bouilloire siffler, indiquant que l'eau était prête, et Leah se lève.

Elle retourne à la cuisine et prépare le thé. Pendant qu'elle le laisse reposer, elle sort deux tasses de thé et les pose sur la table à côté des biscuits, puis revient avec la théière.

Après avoir versé à chacun une tasse de thé, elle se rassit pour continuer leurs conversations.

---

se souvenir	sich erinnern
être ravie	sich freuen, fröhlich sein

*"Ich **erinnere mich**", beginnt Harold, "als ich zum ersten Mal beschloss, nach Belgien zu ziehen. Ich kam gerade an, als die Schwertlilien zu blühen begannen, ich war erstaunt, dass die Welt so schöne Dinge enthalten kann, noch mehr, als ich dich im Park stehen sah."*

"Ich habe Hotdogs verkauft", erinnert sie sich, "und du hast angeboten, mir alles abzukaufen, nur damit ich frei bin und mit dir ausgehen kann."

"Die beste Investition, die ich in meinem ganzen Leben gemacht habe!"

"Und dann hattest du buchstäblich kein Geld für den Ausflug", schimpft Leah, "trotzdem hatten wir unseren Spaß".

*"**Freust** du **dich** nicht, dass die Region Brüssel-Hauptstadt beschlossen hat, das Iris-Fest an dem Tag zu veranstalten, an dem wir uns getroffen haben?"*

"Wenn du mit erfreut meinst, dass du an unserem Jahrestag mit kostenlosen Konzerten und „Streetfood" günstig wegkommen konntest, dann ja, ich schätze, das war der Fall."

"Aber andererseits hat das Festival erst 2003 begonnen, und wir sind seit fast 60 Jahren verheiratet", verteidigt sich ihr Mann.

"Ich mache nur Spaß, Schatz", sagt Leah, "zuerst habe ich dich nicht erkannt, aber als mir klar wurde, dass du mich wiedergefunden hast, war ich unglaublich glücklich, den Rest meines Lebens mit dir zu verbringen!"

*"Nachdem wir uns während des Zweiten Weltkriegs im Konzentrationslager Dachau getroffen und uns versprochen hatten, dass wir uns wiedersehen würden, warst du das Einzige, was mir **Hoffnung** auf ein besseres Leben gab, selbst als ich die Hoffnung an mich und meinen Glauben verloren hatte." Harold fährt fort: "Als ich rauskam, habe ich alles darangesetzt, dich zu finden, und nach zwei Jahren habe ich es geschafft."*

"Du hast mir nie gesagt, dass du zwei Jahre gebraucht hast!" Seine Frau keucht: "Ich bin sehr froh, dass du nie aufgehört hast, nach mir zu suchen."

Sie hören den Wasserkocher pfeifen, das Wasser ist fertig, Leah steht auf.

Sie geht zurück in die Küche und bereitet den Tee vor. Während sie ihn stehen lässt, holt sie zwei Teetassen heraus und stellt sie neben die Kekse auf den Tisch, dann kommt sie mit der Teekanne zurück.

Nachdem sie jedem eine Tasse Tee eingeschenkt hat, setzt sie sich wieder hin, um das Gespräch fortzusetzen.

---

espoir Hoffnung

« Je pensais », commence Harold « c'était **en fait** exactement deux ans après la fin de la Seconde Guerre mondiale que nous **nous** sommes **rencontrés**. Aujourd'hui, le 8 mai, célèbre également le jour de la victoire contre les nazis. Après ma libération, **il m'a fallu** quelques mois pour me repérer, mais ensuite j'ai fait un plan pour te retrouver, et environ 2 ans plus tard, j'ai réussi » se souvient-il.

Leah est sur le point de répondre quand ils entendent des coups rapides à la porte.

« Qui cela peut-il être ? Attendons-nous quelqu'un ? » Elle demande à son mari en se levant pour répondre.

« Pas que je m'en souvienne », répond Harold.

Leah atteint la porte et l'ouvre pour révéler un groupe d'adolescents.

« Bonjour », elle les salue « puis-je vous aider avec quelque chose ? »

« Bonjour madame, nous sommes désolés de vous déranger », dit l'un d'eux « mais mon amie ici a vraiment besoin de faire pipi », elle fait un geste vers une fille qui **se tortille sur place** avec une urgence évidente.

« Bien sûr ! S'il vous plaît, entrez ! » Leah ouvre grand la porte et la fille dit un rapide merci avant de se frayer un chemin à l'intérieur.

Harold rejoint sa femme à la porte et salue les enfants.

« Est-ce que vous allez voir les concerts ? » Il leur demande.

Un chœur de oui enthousiastes s'ensuit, et les enfants demandent s'ils y viendront aussi.

« Pas cette année », répond Leah « nous passerons notre anniversaire à la maison. »

« Votre anniversaire est pendant la Fête de l'iris ? » L'un d'eux demande au moment où son amie revient de la salle de bain « c'est trop mignon ! Mais vous ne profiterez pas des concerts gratuits ? »

Harold rit à ce propos « nous sommes mariés depuis 56 ans, et depuis 16 ans nous allons à des concerts le jour de notre anniversaire, mais maintenant nous devenons trop vieux pour vous suivre les jeunes ! »[58]

---

en fait	tatsächlich
se rencontrer	kennenlernen, sich mit jdm. treffen
il m'a fallu	ich brauchte

"Ich dachte", beginnt Harold, "es war **tatsächlich** *genau zwei Jahre nach dem Ende des Zweiten Weltkriegs, als wir uns* **kennengelernt** *haben. Heute, am 8. Mai, wird auch der Tag des Sieges über die Nazis gefeiert. Nach meiner Befreiung* **brauchte ich** *ein paar Monate, um mich zu orientieren, aber dann habe ich mir vorgenommen, dich zu finden, und etwa zwei Jahre später hatte ich Erfolg", erinnert er sich.*

Leah will gerade antworten, als sie ein schnelles Klopfen an der Tür hören.

"Wer kann das sein? Erwarten wir jemanden?" fragt sie ihren Mann und steht auf, um zu öffnen.

"Nicht, dass ich mich erinnere", antwortet Harold.

Leah geht zur Tür und öffnet sie, und sieht eine Gruppe Teenager.

"Hallo", begrüßt sie sie, "kann ich euch bei irgendetwas helfen?"

"Hallo Madame, es tut uns leid, Sie zu stören", sagt einer von ihnen "aber meine Freundin hier muss dringend auf die Toilette", sie macht eine Geste in Richtung eines Mädchens, das sich mit offensichtlicher Dringlichkeit **auf der Stelle windet**.

"Natürlich! Bitte, kommen Sie rein!" Leah öffnet die Tür und das Mädchen bedankt sich kurz, bevor es sich einen Weg ins Innere bahnt.

Harold gesellt sich zu seiner Frau an die Tür und begrüßt die Kinder.

"Geht ihr zu den Konzerten?" fragt er.

Es folgt ein Chor begeisterter Ja-Stimmen und die Kinder fragen, ob sie auch hingehen.

"Dieses Jahr nicht", antwortet Leah, "wir werden unseren Jahrestag zu Hause verbringen".[59]

"Ist euer Jahrestag während des Irisfestes?" fragt einer von ihnen, als seine Freundin gerade aus dem Badezimmer zurückkommt "Das ist so süß! Aber wollen Sie nicht von den kostenlosen Konzerten profitieren?"

Harold lacht daraufhin "Wir sind seit 56 Jahren verheiratet, seit 16 Jahren gehen wir an unserem Jahrestag auf Konzerte, aber jetzt werden wir zu alt, um mit euch jungen Leuten mitzuhalten!"

---

se tortiller sur place	auf der Stelle winden
il est temps pour... de...	Es ist Zeit für uns..., etw. zu...

« **Il est temps pour** nous **de** rester à l'intérieur et de reposer nos vieux os », ajoute Leah.

Les groupes disent merci et au revoir et commencent à redescendre dans la rue.

Harold et Leah les regardent partir avant de fermer la porte et de retourner dans leurs fauteuils près de la fenêtre.

Leur thé avait maintenant atteint une température ambiante, alors Leah remplit leurs tasses avant de s'asseoir.

Ils reprirent leur conversation de l'après-midi, se remémorant le bon vieux temps où ils se rendaient aux concerts tout comme ces enfants.

---

il est temps pour... de... Es ist Zeit für uns..., etw. zu...

*"**Es ist Zeit für** uns, drinnen **zu** bleiben und unsere alten Knochen auszuruhen", fügt Leah hinzu.*

Die Gruppe bedankt und verabschiedet sich und geht wieder auf die Straße.

Harold und Leah schauen ihnen nach, bevor sie die Tür schließen und sich wieder in ihre Sessel am Fenster setzen.

Ihr Tee hatte inzwischen Zimmertemperatur erreicht, also füllte Leah nochmal ihre Tassen, bevor sie sich setzten.

Sie unterhielten sich weiter über den Nachmittag und erinnerten sich an die guten alten Zeiten, als sie wie diese Kinder zu Konzerten gingen.

Histoire 6

Concours à Lyon

« Ne t'inquiète pas » Betty dit à sa voisine avec une inquiétude évidente dans sa voix, « je suis sûre qu'il sera bientôt de retour. »

« Je ne comprends tout simplement pas, il n'est pas rentré à la maison depuis hier soir, et maintenant il n'est plus là pour m'aider ! Le festival de **nourriture de rue** à Lyon est le plus gros coup de pouce à notre restaurant toute l'année ! Je ne sais pas si je dois être inquiète ou en colère ! », dit la dame, clairement contrariée. Les deux dames sont en train de préparer leurs kiosques et toutes sortes de **bouffe** pour le festival de nourriture de rue à Lyon.

« Avez-vous déjà appelé la police ? », demande Betty, ce à quoi la femme inquiète répond « non, ça ne fait pas encore 24 heures. »

Betty retourne à ses préparatifs : « Ne t'inquiète pas ma chérie, je suis sûre qu'il va bientôt arriver », appelle-t-elle par-dessus son épaule.

Elle se remet à son travail, ayant déjà fini avec aisance ses repas plus compliqués, il ne lui reste plus qu'à terminer les desserts.

Elle leur donne un **soin** particulier, sachant que les desserts et les pâtisseries étaient ses vendeurs les plus populaires, et elle avait besoin que cette année se passe bien, surtout avec l'augmentation des concurrents.

Juste au moment où la pensée quittait son esprit, son téléphone a vibré à côté d'elle et un texto de sa sœur est apparu :

« *Souviens-toi, c'est un festival pour que les gens apprécient différents aliments et cultures, pas une compétition ! Tu vas faire des merveilles, je t'aime, bisous.* »

Pas une compétition ? se moqua Betty.

Bien sûr, sa sœur, à qui on a offert tout ce qu'elle a toujours voulu sur un plateau d'argent, et qui s'est contentée de marier riche, ne penserait pas que quoi que ce soit soit une compétition.

Betty avait travaillé fort pour son restaurant.

---

nourriture de rue Streetfood
bouffe Essen

Wettbewerb in Lyon

"Mach dir keine Sorgen", sagt Betty zu ihrer Nachbarin mit einer deutlichen Sorge in der Stimme, "ich bin sicher, dass er bald wieder da sein wird."

"Ich verstehe es einfach nicht, er ist seit gestern Abend nicht mehr nach Hause gekommen und jetzt ist er nicht da, um mir zu helfen! Das ***Streetfood****-Festival in Lyon ist das ganze Jahr über die größte Rettung für unser Restaurant! Ich weiß nicht, ob ich besorgt oder wütend sein soll!", sagt die Dame deutlich verärgert. Die beiden Damen bereiten gerade ihre Kioske und allerlei* ***Essen*** *für das Street-Food-Festival in Lyon vor.*

"Haben Sie schon die Polizei gerufen?", fragt Betty, worauf die besorgte Frau antwortet: "Nein, es sind noch keine 24 Stunden vergangen."

Betty wendet sich wieder ihren Vorbereitungen zu: "Mach dir keine Sorgen, mein Schatz, ich bin sicher, dass er bald kommt", ruft sie über die Schulter.

Sie macht sich wieder an die Arbeit. Nachdem sie die komplizierteren Mahlzeiten bereits mit Leichtigkeit fertiggestellt hat, muss sie jetzt nur noch die Desserts zubereiten.

Sie gibt ihnen besondere ***Sorgfalt****, da sie weiß, dass Desserts und Gebäck ihre beliebtesten Verkäufer waren, und sie brauchte dieses Jahr einen reibungslosen Ablauf, vor allem, da die Zahl der Mitbewerber gestiegen ist.*

Gerade als der Gedanke ihren Geist verließ, vibrierte ihr Handy neben ihr, worauf eine SMS von ihrer Schwester erschien:

"Denk dran, das ist ein Festival, bei dem die Leute verschiedene Lebensmittel und Kulturen genießen sollen, kein Wettbewerb! Du wirst Wunder vollbringen, ich liebe dich, Küsschen".

Kein Wettbewerb?", spottete Betty.

Natürlich würde ihre Schwester, der man alles, was sie sich je gewünscht hatte, auf dem Silbertablett serviert hatte und die einfach nur reich geheiratet hatte, nicht denken, dass irgendetwas ein Wettbewerb sei.

Betty hatte hart für ihr Restaurant gearbeitet.

---

soin Sorgfalt

Elle passait des nuits à travailler dans la cuisine, perfectionnant ses recettes.

Elle a passé des jours à embrasser des culs, à gravir les échelons jusqu'à atteindre une position de direction.

Elle avait réussi à ouvrir son restaurant toute seule, et c'est elle qui a réussi à se débarrasser de la concurrence, un par un.

Mais quand sa sœur a décidé que ce serait amusant de l'essayer aussi, bien sûr, elle a obtenu un restaurant de son mari, réduisant la clientèle de Betty alors qu'ils optaient pour la nouvelle option en ville. Maintenant, elle devait faire tout ce qu'elle pouvait pour attirer le plus de clients possible.

Frustrée et distraite, elle ruine accidentellement les décorations sur l'une des pâtisseries, et elle la jette. Il ne peut y avoir aucune imperfection.

Betty prit une profonde inspiration et chassa sa sœur de son esprit.

Aujourd'hui, c'était pour elle.

Peu importait qu'il y ait encore plus de monde ici cette année, elle s'occuperait d'eux aussi. Une fois les dernières touches appliquées, elle a pris le plateau et l'a placé dans le **présentoir**, juste au moment où les gens commençaient à apparaître.

Betty regarda sa voisine et les pitoyables assortiments de nourriture qu'elle réussit à préparer. La femme **en détresse** était tellement occupée à cuisiner à l'arrière qu'elle n'a pas pu venir devant son kiosque, augmentant le flux de clients venant voir Betty. Elle a passé toute la matinée à s'occuper de ses clients et à perfectionner ses autres plats, en accordant un soin particulier à son populaire gigot d'agneau rôti. Elle l'a mis dans le four, sachant que cela prendrait quelques heures à cuire.

Quelques heures après le début de l'après-midi, Betty aperçut deux policiers qui se dirigeaient vers elle. Elle a rapidement mis un panneau « Retour dans 5 minutes », et s'est dirigée vers l'arrière de son kiosque, dans son camion.

Tournant le rétroviseur pour se regarder, elle essaya un sourire, qui sortit d'un air plutôt étrange.

« Bonjour messieurs ! », dit-elle gaiement. Sa voix semblait étrange aussi.

« Je suis ici depuis tôt ce matin pour commencer les préparations nécessaires », a-t-elle encore essayé. « Est-ce que tout va bien ? », L'inquiétude montait dans sa voix. C'était mieux, beaucoup mieux.

---

présentoir Ständer

Sie verbrachte Nächte damit, in der Küche zu arbeiten und ihre Rezepte zu perfektionieren.

Sie hatte Tage damit verbracht, Ärsche zu küssen und die Karriereleiter hinaufzuklettern, bis sie eine Führungsposition erreicht hatte.

Sie hatte es geschafft, ihr Restaurant ganz allein zu eröffnen, und sie war diejenige, die es schaffte, die Konkurrenz nach und nach auszuschalten.

Aber als ihre Schwester beschloss, dass es Spaß machen würde, es auch einmal auszuprobieren, bekam sie natürlich ein Restaurant von ihrem Mann und reduzierte Bettys Kundenstamm, während sie sich für die neue Option in der Stadt entschieden. Nun musste sie alles tun, um so viele Kunden wie möglich anzuziehen.

Frustriert und abgelenkt ruiniert sie versehentlich die Dekorationen an einem der Gebäcke und wirft es weg. Es darf keine Unvollkommenheit geben.

Betty holte tief Luft und verdrängte ihre Schwester aus ihren Gedanken.

Heute ging es um sie.

Es war egal, ob dieses Jahr noch mehr Leute hier waren, sie würde sich auch um sie kümmern. Nachdem sie den letzten Schliff aufgetragen hatte, nahm sie das Tablett und stellte es in den ***Ständer****, gerade als die ersten Kunden eintrafen.*

Betty betrachtete ihre Nachbarin und die erbärmliche Zusammenstellung von Speisen, die sie erfolgreich zubereitet hatte. Die Frau **in Not** *war so sehr damit beschäftigt, hinten zu kochen, dass sie nicht vor ihren Kiosk kommen konnte, was den Strom der Kunden, die zu Betty kamen, noch verstärkte. Sie verbrachte den ganzen Vormittag damit, sich um ihre Kunden zu kümmern und ihre anderen Gerichte zu perfektionieren, wobei sie besonders auf ihre beliebte gebratene Lammkeule achtete. Sie schob sie in den Ofen, obwohl sie wusste, dass es einige Stunden dauern würde, bis sie gar war.*

Einige Stunden nach Beginn des Nachmittags erblickte Betty zwei Polizisten, die auf sie zukamen. Schnell stellte sie ein Schild mit der Aufschrift "In 5 Minuten zurück" auf und fuhr mit ihrem Lkw zur Rückseite ihres Kiosks.

Als sie den Rückspiegel drehte, um sich selbst zu betrachten, versuchte sie zu lächeln, was ziemlich seltsam aussah.

"Guten Tag, meine Herren!", sagte sie fröhlich. Auch ihre Stimme klang seltsam.

"Ich bin seit dem frühen Morgen hier, um mit den notwendigen Vorbereitungen zu beginnen", versuchte sie es erneut. "Ist alles in Ordnung?", die Sorge stieg in ihrer Stimme. Es war besser, viel besser.

---

en détresse in Not

Après l'avoir répété plusieurs fois, elle est sortie de son véhicule et est retournée à l'avant, où les policiers parlaient à la femme à côté d'elle.

Un cri d'**angoisse** retentit et elle sut qu'ils avaient trouvé le mari. Elle colla son oreille contre la toile mince qui la séparait de sa voisine.

« Votre mari a été attaqué avec un objet contondant à l'arrière de la tête », a déclaré l'un des policiers, « il a été retrouvé mort plus tôt dans la journée. »

La femme a sangloté et Betty a entendu les policiers se rapprocher du côté de la tente, loin de la femme.

« Vois-tu quelque chose ici qui aurait pu être utilisé comme une arme ? », dit l'un des policiers.

« Non, mais cela ne veut pas dire qu'elle ne l'a pas fait. Nous devrions interroger les autres chefs pour correspondre à son alibi. »

« Franchement ? Cela ressemble au M.O. du tueur de chefs. Cela fait plus de 3 ans et ils ne l'ont toujours pas trouvé. »

En entendant cela, Betty retourne au four, s'assurant que le gigot d'agneau était prêt. Elle éteint le four, mais laisse le repas là-dedans pour qu'il reste au chaud, se retournant juste au moment où les deux officiers apparaissaient.

« Bonjour madame, ça vous dérange si nous vous posons quelques questions ? » L'un d'eux demande.

« Bonjour messieurs ! » Betty dit joyeusement, exactement comme elle a pratiqué, « bien sûr, que puis-je faire pour vous ? Vous cherchez à manger quelque chose ? »

Les agents regardent avec envie la nourriture, avant de répondre « Non, Madame, nous devons vous poser quelques questions sur le kiosque voisin. Avez-vous entendu ou vu quelque chose d'étrange se passer avec le couple ? »

« Oh, j'espère que tout va bien » répondit-elle, de l'inquiétude lacée dans sa voix « Non, je n'ai rien entendu, car je ne les connais pas très bien. Ils viennent juste de commencer cette année, donc je n'ai pas eu beaucoup de temps pour les connaître, avec tous les préparatifs », elle fait signe à tous ses plats. Elle réalise que les clients évitent son kiosque, lui lançant un regard étrange quand ils voient la police parler avec elle, et elle se mord la langue pour éviter de **serrer les dents de colère**.

Elle avait besoin qu'ils partent le plus tôt possible.

« Et où étiez-vous hier soir entre 22h et 2h ? »

---

angoisse Angst

Nachdem sie es mehrmals wiederholt hatte, stieg sie aus und ging wieder nach vorne, wo die Polizisten mit der Frau neben ihr sprachen.

Ein ängstlicher Schrei ertönte und sie wusste, dass sie den Ehemann gefunden hatten. Sie drückte ihr Ohr an das dünne Tuch, das sie von ihrer Nachbarin trennte.

"Ihr Mann wurde mit einem stumpfen Gegenstand am Hinterkopf angegriffen", sagte einer der Polizisten, "er wurde früher am Tag tot aufgefunden."

Die Frau schluchzte und Betty hörte, wie sich die Polizisten von der Seite des Zeltes näherten, weg von der Frau.

"Siehst du hier etwas, das als Waffe hätte benutzt werden können?", sagte einer der Polizisten.

"Nein, aber das bedeutet nicht, dass sie es nicht getan hat. Wir sollten die anderen Besitzer befragen, ob diese mit ihrem Alibi übereinstimmen."

"Ehrlich gesagt? Das klingt wie das M.O. des Chefmörders. Es ist über drei Jahre her und sie haben ihn immer noch nicht gefunden."

Als Betty das hört, geht sie zurück zum Ofen und vergewissert sich, dass die Lammkeule fertig ist. Sie schaltet den Ofen aus, lässt das Essen aber darin, damit es warm bleibt, und dreht sich gerade in dem Moment um, als die beiden Offiziere auftauchen.

"Guten Tag, Madame, macht es Ihnen etwas aus, wenn wir Ihnen ein paar Fragen stellen?" Fragt einer der beiden.

" Guten Tag, meine Herren!" Betty sagt fröhlich, genauso, wie sie es geübt hat: "Natürlich, was kann ich für Sie tun? Wollen Sie etwas zu essen?"

Die Beamten schauen sehnsüchtig auf das Essen, bevor sie antworten "Nein, Madame, wir müssen Ihnen ein paar Fragen zum benachbarten Kiosk stellen. Haben Sie etwas Seltsames gehört oder gesehen, was mit dem Paar zusammenhängen könnte?"

"Oh, ich hoffe, es ist alles in Ordnung", antwortete sie mit geschnürter Sorge in ihrer Stimme "Nein, ich habe nichts gehört, weil ich sie nicht sehr gut kenne. Sie haben dieses Jahr gerade erst angefangen, also hatte ich nicht viel Zeit, sie kennenzulernen, wegen der ganzen Vorbereitungen", sie winkt Vorbeigehende zu ihren Gerichten. Sie merkt, dass die Kunden ihren Kiosk meiden und ihr seltsame Blicke zuwerfen, wenn sie sehen, dass die Polizei mit ihr spricht, sie beißt sich auf die Zunge, um nicht ***vor Wut die Zähne zusammenzubeißen****.*

Sie musste sie so schnell wie möglich loswerden.

" Und wo waren Sie letzte Nacht zwischen 22:00 und 2:00 Uhr?"

---

serrer les dents de colère vor Wut die Zähne zusammenzubeißen

« Eh bien, hier soir, je me suis couchée assez tôt, vers 19 heures car je devais me lever tôt », leur sourit-elle. « Je suis ici depuis tôt le matin, je cuisine et je fais de la pâtisserie. »

Ils semblent satisfaits de sa réponse, et la remercient pour son temps, partant parler à quelqu'un d'autre. Betty les regarde partir et fait craquer ses doigts. Espérons qu'ils ne reviendront pas.

Retournant au four, elle sort son **chef-d'œuvre**, le gigot d'agneau rôti, et le pose sur le comptoir improvisé. La viande fond pratiquement sous sa lame alors qu'elle la coupe en fines tranches, plaçant le tout dans son affichage.

L'odeur attire rapidement plus de clients, et bientôt la moitié est déjà partie.

Alors qu'elle sert des clients, elle remarque que sa voisine a fermé son kiosque, et dès qu'il y a un ralentissement chez les clients, elle jette un coup d'œil pour voir la femme.

À sa satisfaction, elle a déjà emballé la plupart de ses affaires, prête à rentrer chez elle.

« Est-ce que ça va, ma chérie ? », elle interroge la plus jeune, la faisant sauter et se retourner. Son visage est rouge et bouffi, et elle répond « Je dois rentrer à la maison... Pour m'occuper de... Des affaires personnelles... »

« D'accord, eh bien si vous avez besoin de quelque chose, vous avez mon numéro, alors assurez-vous de m'appeler ! » Elle ne veut pas vraiment qu'elle appelle, mais s'il y a une **mise à jour** dans le cas, elle veut être la première à le savoir.

Le soleil est en train de se coucher quand les policiers reviennent. Quand ils voient que la femme est partie, ils demandent à Betty à ce sujet, et elle leur dit que la femme est partie il y a quelques heures pour rentrer chez elle. Elle peut dire par leurs visages fatigués qu'ils ont travaillé toute la journée, alors elle leur offre un repas gratuit de gigot d'agneau, pour tout leur dur travail.

Elle a besoin qu'il soit complètement parti avant la fin de la journée.

Ils acceptent avec gratitude le repas gratuit, prenant quelques minutes pour le manger à une table voisine.

Cela ne laisse que quelques morceaux, et un sourire malicieux prend forme sur le visage de Betty lorsqu'ils partent, sachant qu'ils viennent d'aider à se débarrasser de l'arme du crime.

---

chef-d'œuvre	Meisterstück, Meisterwerk

"Na ja, gestern Abend bin ich recht früh ins Bett gegangen, so gegen 19 Uhr, weil ich früh aufstehen musste", lächelte sie ihnen zu. " Ich bin schon seit dem frühen Morgen hier, ich koche und backe".

Die beiden scheinen mit ihrer Antwort zufrieden zu sein und bedanken sich für ihre Zeit, die sie sich genommen hat. Betty schaut ihnen beim Weggehen zu und lässt ihre Finger knacken. Hoffentlich kommen sie nicht wieder.

*Als sie zum Ofen zurückkehrt, holt sie ihr **Meisterstück**, die gebratene Lammkeule, heraus und legt sie auf die improvisierte Theke. Das Fleisch schmilzt praktisch unter ihrer Klinge, als sie es in dünne Scheiben schneidet und auf den Tresen legt.*

Der Geruch zieht schnell mehr Kunden an, bald ist die Hälfte schon weg.

Während sie Kunden bedient, bemerkt sie, dass ihre Nachbarin ihren Kiosk geschlossen hat. Sobald die Kunden weniger werden, schaut sie sich um, um die Frau zu sehen.

Zu ihrer Zufriedenheit hat sie den Großteil ihrer Sachen bereits eingepackt und ist bereit, nach Hause zu gehen.

"Geht es dir gut, mein Schatz?", fragt sie die Jüngere, woraufhin sie aufspringt und sich umdreht. Ihr Gesicht ist rot und aufgedunsen, und sie antwortet: "Ich muss nach Hause... Um mich um ... zu kümmern. Persönliche Angelegenheiten..."

*"Okay, nun, wenn Sie etwas brauchen, haben Sie meine Nummer, also stellen Sie sicher, dass Sie mich anrufen!" Sie will nicht wirklich, dass sie anruft, aber wenn es in dem Fall ein **Update** gibt, will sie es als Erste erfahren.*

Die Sonne geht gerade unter, als die Polizisten zu ihr zurückkommen. Als sie sehen, dass die Frau weg ist, fragen sie Betty danach, worauf hin sie sagt, dass die Frau vor ein paar Stunden weggegangen ist, um nach Hause zu fahren. An ihren müden Gesichtern kann sie erkennen, dass sie den ganzen Tag gearbeitet haben, also bietet sie ihnen eine kostenlose Mahlzeit Lammkeule an, für all ihre harte Arbeit.

Sie braucht es bis zum Ende des Tages vollständig auf.

Dankbar nehmen sie die kostenlose Mahlzeit an und nehmen sich ein paar Minuten Zeit, um an einem Nachbartisch zu essen.

Es bleiben nur ein paar Brocken übrig und ein schelmisches Lächeln formt sich auf Bettys Gesicht, als sie gehen, weil sie wissen, dass sie gerade dabei geholfen haben, die Mordwaffe loszuwerden.

---

mise à jour Update

Elle sait qu'elle s'en sortira à nouveau, tout comme elle l'a fait maintes et maintes fois.

La police est à la recherche d'un homme de grande taille, capable d'utiliser des objets lourds et contondants, et personne ne soupçonne qu'une petite cuisinière a la force de le faire.

Avec ses années d'entraînement, elle a réussi à gagner assez de force dans le haut du corps, à déplacer de la viande, de gros sacs de farine ou tout autre nombre d'ingrédients lourds.

Après une autre heure, le gigot d'agneau rôti est épuisé et elle commence à **faire ses valises**.

Elle note les autres kiosques qui étaient populaires et note leurs noms.

Betty a travaillé assez dur aujourd'hui, elle ira acheter d'autres gigots d'agneau, puis rentrera chez elle et se reposera, et planifiera sa prochaine victime.

Comme elle le fait chaque année.

---

faire les valises die Sachen (ein)packen

Sie weiß, dass sie es wieder schaffen wird, genauso wie sie es immer und immer wieder geschafft hat.

Die Polizei sucht nach einem großen Mann, der mit schweren und stumpfen Gegenständen umgehen kann, und niemand ahnt, dass eine kleine Köchin wie Sie, die Kraft dazu hat.

Mit jahrelangem Training hat sie es geschafft, genug Kraft im Oberkörper aufzubauen, um Fleisch, große Mehlsäcke oder eine andere Anzahl schwerer Zutaten zu bewegen.

Nach einer weiteren Stunde ist die gebratene Lammkeule aufgebraucht und sie beginnt, ***ihre Sachen zu packen****.*

Sie merkt sich die anderen Kioske, die beliebt waren, und notiert sich deren Namen.

Betty hat heute hart genug gearbeitet, sie wird noch mehr Lammkeulen kaufen, dann nach Hause gehen und sich ausruhen und ihr nächstes Opfer aussuchen.

So wie sie es jedes Jahr tut.

Stufe 13

Kurzgeschichten Niveau 3

Histoire 7

Des Festivités Étranges

Je regarde attentivement ma sœur ajouter une couche de **ruban adhésif** à sa propre **combinaison** en plastique après avoir scotché la mienne.

« Tu vois, tu dois t'assurer qu'il n'y a pas de trous », elle se retourne pour me montrer son corps. « Maintenant, allons-y, avant que maman et papa ne se réveillent. »

Elle attrape ma main et nous sortons. Le costume n'a pas fait grand-chose contre le matin froid de février et j'ai commencé à trembler à seulement quelques mètres de la maison.

Nous arrivons au **panier de magasinage** enchaîné à des blocs de ciment, et ma sœur me soulève dedans, et m'enveloppe dans une couverture chaude.

« Merci », Lui ai-je fait signe, sachant qu'elle avait aussi froid que moi.

« Ne t'inquiète pas pour ça », répliqua-t-elle.

Elle déverrouille le chariot et commence à le pousser vers la ville.

Je regarde le désert aride dans lequel j'ai grandi, imaginant de l'herbe et des arbres verts, une couleur que je n'ai jamais vue. Au bout d'un moment, nous arrivons chez l'**orfèvre**, où la femme joviale nous reconnaît immédiatement.

« Marguerite ! Juliette ! Comment ça va les filles ? Êtes-vous ici pour récupérer la commande de votre maison ? »

« Nous sommes ! Nous voulons surprendre nos parents en préparant le matériel pour le jour de la marmotte ! »

« Comme c'est gentil ! », dit la métallurgiste, avant de disparaître dans le derrière du magasin pendant quelques minutes.

Elle réapparaît avec une dizaine de feuilles de métal et les mets dans le chariot à côté de moi.

---

ruban adhésif Klebeband
combinaison Overall

Fremde Festlichkeiten

Ich beobachte aufmerksam, wie meine Schwester ihrem eigenen Plastikoverall eine weitere Schicht ***Klebeband*** *hinzufügt, nachdem sie meinen* ***Overall*** *abgeklebt hat.*

"Siehst du, du musst darauf achten, dass es keine Löcher gibt", sie dreht sich um und zeigt mir ihren Körper. " Jetzt lass uns gehen, bevor Mama und Papa aufwachen".

Sie greift nach meiner Hand und wir gehen raus. Der Anzug hat nicht viel gegen den kalten Februarmorgen ausrichten können und ich fange schon ein paar Meter vor dem Haus an zu zittern.

Wir kommen zu dem an Zementblöcke geketteten ***Einkaufswagen****, meine Schwester hebt mich hinein und wickelt mich in eine warme Decke.*

"Danke", winkte ich ihr zu, weil ich wusste, dass ihr genauso kalt war wie mir.

"Mach dir keine Sorgen", erwiderte sie.

Sie schließt den Wagen auf und beginnt, ihn in Richtung Stadt zu schieben.

Ich blicke auf die trockene Wüste, in der ich aufgewachsen bin, und stelle mir grünes Gras und grüne Bäume vor, eine Farbe, die ich noch nie gesehen habe. Nach einer Weile erreichen wir das Haus des ***Goldschmieds****, wo uns die fröhliche Frau sofort erkennt.*

"Marguerite! Juliette! Wie geht es euch Mädchen? Seid ihr hier, um den Auftrag für euer Haus abzuholen?"

"Ja das sind wir! Wir wollen unsere Eltern überraschen, indem wir das Material für den Murmeltiertag vorbereiten!"[71]

"Wie nett!", sagt die Metallarbeiterin, bevor sie für ein paar Minuten in der Rückseite des Ladens verschwindet.

Sie taucht mit einem Dutzend Metallblechen wieder auf und legt sie in den Einkaufswagen neben mir.

---

panier de magasinage Einkaufswagen
orfèvre Goldschmied

« Au fait, j'ai pratiqué la langue des signes ! Comment c'est ça ? », dit-elle en nous signant une phrase.

Ma sœur rit un peu « c'était super ! Mais vos mains sont un peu trop **raides**. Continuez à vous entraîner, vous vous êtes vraiment amélioré ! »

« Je suis d'accord » je signe, heureuse que les citadins apprennent à mieux communiquer en silence.

La femme nous dit au revoir alors que ma sœur recommence à pousser le chariot dans la rue. Je me tourne pour regarder ma sœur et remarque qu'elle tremble.

Je retire la couverture de mes épaules et je lui offre mais elle refuse « non je vais bien », me fait-elle signe, mais je sais qu'elle ne l'est pas. J'insiste, la jetant au-dessus de sa tête et elle rit, retirant la couverture de son visage.

« Très bien », dit-elle, visiblement soulagée « je vais la garder mais juste un petit moment. »

Satisfaite, je me réinstalle dans la charrette et lui fais signe de me raconter à nouveau l'histoire de la journée de la marmotte.

« De nouveau ? Tu connais déjà l'histoire Julie ! », dit-elle, mais continue quand même.

« Il y a longtemps, dans un endroit qui s'appelait le Canada, avant l'arrivée des nuages », commence-t-elle « il y avait cette tradition où les gens se rassemblaient pour regarder une marmotte sortir de son terrier et s'il faisait clair dehors, et qu'elle voyait son ombre, elle retournait dans sa **tanière** et l'hiver durait encore un certain temps, mais s'il ne voyait pas d'ombre parce qu'il était nuageux, l'hiver se terminerait tôt. »

Je fais signe à ma sœur « comment la marmotte a-t-elle prédit le temps ? » Même si je connais déjà la réponse.

Elle me sourit et me dit la réponse pour la centième fois.

« Ce n'est pas vrai Julie, c'était juste une célébration amusante pour que les gens se rassemblent et s'amuse. »

« J'aimerais que ce soit encore un festival amusant », je lui signe, et son visage s'assombrit.

« **Quoi qu'il en soit**, j'ai assez chaud, c'est parti », elle fait tourner la couverture autour de ses épaules et l'enroule autour de mes miennes.

« Maintenant ! Nous devons aller à la décharge, et puis, rentrer à la maison ! »

---

raides	steif
tanière	Bau, Schlupfloch

"Übrigens habe ich die Gebärdensprache geübt! Wie findet ihr das?", sagt sie und gebärdet uns einen Satz.

Meine Schwester lacht ein wenig "Das war großartig! Aber Ihre Hände sind ein bisschen zu ***steif****. Üben Sie weiter, Sie haben sich wirklich verbessert!"*

"Ich bin einverstanden", sage ich und freue mich, dass die Stadtbewohner lernen, besser schweigend zu kommunizieren.

Die Frau verabschiedet sich von uns, während meine Schwester wieder anfängt, den Wagen die Straße hinunterzuschieben. Ich drehe mich um, um meine Schwester anzusehen, und bemerke, dass sie zittert.

Ich ziehe mir die Decke von den Schultern und biete sie ihr an, doch sie lehnt ab. "Nein, mir geht es gut", signalisiert sie mir, aber ich weiß, dass es nicht so ist. Ich bestehe darauf, werfe die Decke über ihren Kopf, woraufhin sie lacht und die Decke von ihrem Gesicht zieht.

"Na gut", sagt sie, sichtlich erleichtert, "ich werde sie behalten, aber nur für eine kleine Weile".

Zufrieden setze ich mich wieder in den Karren und bitte sie, mir die Geschichte vom Murmeltiertag noch einmal zu erzählen.

"Noch einmal? Du kennst die Geschichte doch schon, Julie!", sagt sie, fährt aber trotzdem fort.

"Vor langer Zeit, an einem Ort namens Kanada, bevor die Wolken kamen", beginnt sie, "gab es diese Tradition, dass sich die Leute versammelten, um einem Murmeltier dabei zuzusehen, wie es aus seinem Bau kam. Wenn es draußen hell war und es seinen Schatten sah, ging es zurück in seinen ***Bau****, denn der Winter dauerte noch eine Weile, aber wenn es keinen Schatten sah, weil es bewölkt war, war der Winter früh zu Ende."*

Ich winke meiner Schwester zu: "Wie hat das Murmeltier das Wetter vorhergesagt?" Auch wenn ich die Antwort schon kenne.

Sie lächelt mich an und sagt mir die Antwort zum hundertsten Mal.

"Das ist nicht wahr Julie, es war nur eine lustige Feier, damit die Leute zusammenkommen und sich amüsieren."

"Ich wünschte, es wäre immer noch ein lustiges Fest", winke ich ab und ihr Gesicht verfinstert sich.

*"****Wie auch immer****, mir ist warm genug, los geht's", sie dreht die Decke um ihre Schultern und wickelt sie um meine.*

"Wir müssen jetzt noch zur Müllkippe fahren und dann nach Hause!"

---

quoi qu'il en soit	wie auch immer

Nous continuons à rouler jusqu'à ce que des tas de débris commencent à s'accumuler autour de nous. Marguerite gare le panier entre deux gros tas et m'aide à sortir.

Nous tombons dans notre routine habituelle consistant à rechercher systématiquement dans les **déchets** tout ce qui pourrait être utilisé comme corde ou clôture, ou quoi que ce soit de valeur.

« Attention aux ratons laveurs », me dit ma sœur, « ils deviennent assez gros à cette période de l'année »

Après quelques heures, nous avons réussi à rassembler un tas de matériel respectable et nous commençons à rentrer chez nous.

Je tire sur la manche de ma sœur et signe « nous devrions aller chercher plus d'eau. »

Elle acquiesce et nous faisons un détour par le marché d'eau. Alors que nous y arrivons, je remarque une longue file de personnes, se préparant également pour le jour de la marmotte.

« Eh bien, ce n'est pas bien, nous n'aurons pas le temps d'aller au festival si nous faisons la **queue**. » Nous nous regardons et je sais déjà ce que je dois faire pour aider ma famille.

Elle m'aide à sortir du chariot et me tend des équipements pour échanger. Alors que je me dirige vers l'avant de la ligne, je fais semblant de boiter, une compétence que j'ai maîtrisée il y a des années.

J'arrive à l'avant et, les mains tremblantes, pose les marchandises sur le comptoir.

Je signe « de l'eau s'il vous plaît », et je pointe du doigt ma bouche.

« Aww, pauvre petite fille », La préposée a pitié de moi, ignorant les plaintes du client suivant, elle me laisse sauter la ligne et me tends quelques gallons d'eau.

J'ai un peu de misère, mais je réussi à ramener l'eau, et ma sœur met le tout sous le panier.

Elle me propose de m'aider dans le chariot encore une fois mais je refuse, préférant revenir à pied car le chariot était devenu très encombré.

Nous sommes presque rentrés à la maison trop tard, et bien que nos parents aient été reconnaissants de les aider dans leur travail, ils nous ont fait la leçon sur l'importance du festival et de ne pas être en retard l'année prochaine.

Nous retournons en famille à la ville, rejoignant les autres habitants, où le maire a déjà commencé à parler.

---

déchets Abfall

Wir fahren weiter, bis sich um uns herum Schutthaufen zu türmen beginnen. Marguerite parkt den Einkaufswagen zwischen zwei großen Haufen und hilft mir beim Aussteigen.

Wir verfallen in unsere übliche Routine, den ***Abfall*** *systematisch nach allem zu durchsuchen, was man als Seil oder Zaun oder sonst etwas Wertvolles verwenden könnte.*

"Pass auf die Waschbären auf", warnt mich meine Schwester, "die werden zu dieser Jahreszeit ziemlich groß".

Nach ein paar Stunden haben wir einen respektablen Haufen Material zusammenbekommen und machen uns auf den Heimweg.

Ich zupfe am Ärmel meiner Schwester und unterschreibe "Wir sollten noch mehr Wasser holen".

Sie nickt und wir machen einen Umweg über den Wassermarkt. Als wir dort ankommen, bemerke ich eine lange Schlange von Menschen, die sich ebenfalls auf den Murmeltiertag vorbereiten.

"Nun, das ist nicht gut, wir werden nicht genug Zeit haben, zum Fest zu gehen, wenn wir in der ***Schlange*** *stehen müssen". Wir sehen uns an und ich weiß bereits, was ich tun muss, um meiner Familie zu helfen.*

Sie hilft mir aus dem Wagen und reicht mir einige Ausrüstungsgegenstände zum Tauschen. Als ich zum vorderen Teil der Schlange gehe, tue ich so, als würde ich humpeln, eine Fähigkeit, die ich seit Jahren beherrsche.

Ich erreiche das vordere Ende und lege mit zitternden Händen die Waren auf den Tresen.

Ich unterschreibe "Wasser bitte" und deute auf meinen Mund.

"Die Angestellte hat Mitleid mit mir, ignoriert die Beschwerden des nächsten Kunden, lässt mich über die Linie springen und hält mir ein paar Gallonen Wasser hin.

Ich habe ein wenig Mühe, aber ich schaffe es, das Wasser herbeizuschaffen, und meine Schwester legt es unter den Wagen.

Sie bietet mir an, mich noch einmal in den Wagen zu setzen, doch ich lehne ab und gehe lieber zu Fuß zurück, da der Wagen sehr unübersichtlich geworden ist.

Wir kamen fast zu spät nach Hause, und obwohl unsere Eltern dankbar waren, dass wir ihnen bei ihrer Arbeit halfen, hielten sie uns eine Lektion darüber, wie wichtig das Festival sei und, dass wir im nächsten Jahr nicht zu spät kommen sollten.

Wir kehren als Familie in die Stadt zurück, wo der Bürgermeister bereits zu sprechen begonnen hat und schließen uns den anderen Bewohnern an.

---

queue Schlange

« Nous sommes tous réunis ici aujourd'hui, en communauté, en famille, des survivants de la friche », il raconte l'histoire de la ville, et j'écoute, fasciné par le monde d'avant « **il y a longtemps**, le monde était couvert en couleurs, un vaste ciel bleu, des collines vertes couvertes d'herbe et de grands arbres de toutes les couleurs. Quand les nuages sont venus et ont couvert le ciel, après les tempêtes de poussière, et après avoir regardé le reste du monde **s'effondrer** de désespoir, nous avons triomphé ! »

Les habitants de la ville applaudissent alors que le maire continue.

« Maintenant, nous nous réunissons aujourd'hui pour voir si les marmottes sortiront de leurs terriers, ou si nous vivons pour voir une autre année », ma sœur me serre l'épaule pour me réconforter.

Les « marmottes », qu'on appelle les monstres souterrains, n'étaient jamais sorties de leur terrier aussi longtemps que je vivais, et chaque année, nous nous préparons au pire, juste au cas où.

Nous suivons la foule jusqu'à la lisière du village, où une falaise surplombe un vaste désert. Tout le monde a sorti ses morceaux de loupe ou de jumelles pour aider à regarder dans le désert, et après avoir jeté un coup d'œil rapide à travers le sien, ma sœur me l'a tendu.

Le cœur battant, je regarde le désert, espérant, priant, je ne verrais rien d'anormal.

Je l'ai scanné attentivement avant de le rendre à ma sœur, et au bout d'un moment, les gens se sont fatigués et ont commencé à prendre des pauses.

Nous avons passé tout l'après-midi là-bas, attendant le moindre signe de danger, et lorsque le soleil a commencé à se coucher, le maire s'est tenu sur une grosse pierre et a annoncé une autre année sûre et une récolte abondante.

Les gens ont lentement commencé à regagner la sécurité de leurs maisons, mais nous sommes restés.

Nous partons toujours en dernier.

Mes parents ont finalement **convaincu** ma sœur et moi de rentrer à la maison, bien après la tombée de la nuit, mais je n'ai pas pu m'empêcher de me demander, sommes-nous vraiment en sécurité ?

Et si on se trompait de date ? Ou ils venaient d'ailleurs ?

Sommes-nous vraiment en sécurité dans ce monde ?

---

il y a longtemps	vor langer Zeit
s'effondrer	zusammenbrechen

"Wir sind heute alle hier versammelt, als Gemeinschaft, als Familie, Überlebende des Ödlands...", er erzählt die Geschichte der Stadt, und ich höre zu, fasziniert von der Welt vor langer Zeit:

*"**Vor langer Zeit** war die Welt mit Farben bedeckt, ein weiter blauer Himmel, grüne Hügel mit Gras und große Bäume in allen Farben. Als die Wolken kamen und über den Himmel zogen, nach den Staubstürmen, und nachdem wir zugesehen hatten, wie der Rest der Welt vor Verzweiflung **zusammenbrach**, haben wir triumphiert!"*

Die Bewohner der Stadt applaudieren, während der Bürgermeister fortfährt.

"Heute versammeln wir uns, um zu sehen, ob die Murmeltiere aus ihren Höhlen kommen, oder ob wir leben, um ein weiteres Jahr zu erleben", meine Schwester drückt meine Schulter, um mich zu trösten.

Die "Murmeltiere", die man als unterirdische Monster bezeichnet, waren noch nie aus ihrem Bau gekrochen, solange ich lebte, und jedes Jahr bereiten wir uns auf das Schlimmste vor, nur für den Fall der Fälle.

Wir folgten der Menschenmenge bis zum Rand des Dorfes, wo eine Klippe über eine weite Wüste ragte. Jeder hat seine Lupenteile oder Ferngläser hervorgeholt, um beim Blick in die Wüste zu helfen, und nachdem ich einen schnellen Blick durch ihr eigenes geworfen habe, reicht meine Schwester es mir.

Mit klopfendem Herzen schaute ich in die Wüste, hoffte und betete, dass ich nichts Ungewöhnliches sehen würde.

Ich beobachtete sorgfältig, bevor ich es meiner Schwester zurückgab, und nach einer Weile wurden die Leute müde und begannen, Pausen zu machen.

Wir verbrachten den ganzen Nachmittag dort und warteten auf das kleinste Anzeichen von Gefahr. Als die Sonne langsam unterging, stand der Bürgermeister auf einem großen Stein und kündigte ein weiteres sicheres Jahr sowie eine reiche Ernte an.

Die Menschen begannen langsam, sich wieder in die Sicherheit ihrer Häuser zu begeben, aber wir blieben.

Wir gehen immer als Letzte.

*Meine Eltern **überredeten** meine Schwester und mich schließlich, lange nach Einbruch der Dunkelheit nach Hause zu gehen, aber ich konnte nicht anders, als mich zu fragen: Sind wir hier wirklich sicher?*

Was, wenn wir uns im Datum geirrt haben? Oder sie von woanders herkommen?

Sind wir in dieser Welt sicher?

---

convaincu (*Inf.* convaincre) überreden, überzeugen

Histoire 8

Le Caviar Rouge

Je regarde à travers mon reflet dans la vitre de la voiture les couleurs vibrantes de l'automne.

« Combien de temps avant qu'on arrive ? » Je demande ce qui semble être la centième fois : « nous conduisons depuis si longtemps que mon téléphone est mort ! » Sa faisait maintenant quelques heures que nous conduisions pour **nous rendre** en Ontario.

« Je t'avais dit de le recharger avant de partir », ma mère me réprimande « De toute façon, nous-y sommes presque, Ben, prends la sortie suivante à gauche »,», dit-elle à mon père.

Il tourne sur la prochaine sortie de l'autoroute et nous prenons une route qui mène à travers les bois alors que mon père ouvre les vitres de la voiture « sent cet air frais de la forêt, n'est-ce pas tellement mieux que la pollution à la ville ? » Me demande-t-il en me jetant un coup d'œil au rétroviseur.

« J'avoue, c'est vraiment sympa ici » je regarde les arbres « mais y a-t-il une connexion internet ? »

Ma mère laisse échapper un soupir exaspéré « Je te l'ai dit, tu n'utiliseras pas ton téléphone à la réunion. C'est **impoli** avec ta tante et ton oncle, nous les voyons une fois par an à l'**action de grâces**, alors je veux que tu sois sur ton meilleur comportement », dit-elle en se tournant vers moi en me tendant la main « Téléphone. Maintenant. »

« Qu'est-ce que ça change ? Il est mort de toute façon ! Pourquoi as-tu besoin de le prendre ?! »

Elle me lance un regard qui me dit de ne pas désobéir, et je lui passe à contrecœur. Je boude dans mon siège et remarque que nous avons commencé à dépasser quelques bâtiments.

À mesure que nous nous rapprochons de la rue principale, la ville habituellement joviale à cette période de l'année semble terne et grise.

Mon père s'exprime avec la même pensée « ils n'ont mis aucune décoration cette année ? Eh bien, ce n'est pas amusant, j'espère qu'ils font toujours la course aux dindes au moins ! »

---

se rendre	sich begeben, gelangen
impoli	unhöflich

Roter Kaviar

Ich schaue durch mein Spiegelbild im Autofenster auf die vibrierenden Farben des Herbstes.

"Wie lange noch, bis wir ankommen?" Ich frage, weil es mir wie das hundertste Mal vorkommt: "Wir fahren schon so lange, dass sogar mein Handy Akku leer ist!" Sie waren nun schon einige Stunden unterwegs, um nach Ontario zu ***gelangen****.*

"Ich habe dir doch gesagt, dass du es aufladen sollst, bevor du losfährst", tadelt meine Mutter "Wir sind sowieso gleich da, Ben, nimm die nächste Ausfahrt links", sagt sie zu meinem Vater.

Er biegt auf die nächste Ausfahrt der Autobahn ab und wir gelangen auf eine Straße, die durch den Wald führt, wo mein Vater die Fenster des Autos öffnet "Riecht diese frische Waldluft, ist das nicht so viel besser als die Umweltverschmutzung in der Stadt?" fragt er mich und wirft einen Blick in den Rückspiegel.

"Ich muss zugeben, es ist wirklich schön hier", ich schaue auf die Bäume, "aber gibt es hier eine Internetverbindung?".

Meine Mutter seufzt entnervt: "Ich habe dir doch gesagt, dass du dein Handy bei dem Treffen nicht benutzen wirst. Das ist ***unhöflich*** *gegenüber deiner Tante und deinem Onkel, wir sehen sie einmal im Jahr beim* ***Erntedankfest****, also möchte ich, dass du auf dein bestes Benehmen achtest", sagt sie, dreht sich zu mir um und streckt mir die Hand hin, "Telefon. Jetzt."*

"Was ändert das schon? Es ist doch sowieso leer! Warum musst du es nehmen?!"

Sie wirft mir einen Blick zu, der mir sagt, dass ich nicht ungehorsam sein soll, also gebe ich es ihr widerwillig. Ich schmolle in meinem Sitz und bemerke, dass wir begonnen haben, an einigen Gebäuden vorbeizufahren.

Als wir uns der Hauptstraße nähern, wirkt die zu dieser Jahreszeit normalerweise fröhliche Stadt trist und grau.

Mein Vater äußert sich mit demselben Gedanken "Haben sie dieses Jahr keine Dekoration angebracht? Na ja, das macht keinen Spaß, ich hoffe, sie machen wenigstens noch das Truthahnrennen!".

---

action de grâces Erntedankfest, Thanksgiving

Nous nous arrêtons à un feu rouge et je remarque que les citoyens de la ville nous regardent tous. Le facteur faisant passer le courrier par une porte, de l'autre côté de la route, une femme avec une poussette est également arrêtée, nous regardant avec une expression neutre sur le visage.

Deux adolescents traversent la route, nous regardant tous les deux en marchant.

Je me penche vers mes parents « euh, c'est étrange, n'est-ce pas ? Pourquoi nous regardent-ils tous ? »

Maman dit « Ils se demandent probablement qui nous sommes, étant donné que c'est une petite ville », tout comme papa dit « C'est ma voiture ! C'est une belle voiture ! »

Le feu passe au vert et alors que nous continuons sur la route, je me tourne pour regarder et remarque que les gens nous fixent toujours.

Je me remets en place, un sentiment de nervosité s'installant dans mon estomac.

Nous nous garons dans l'allée de gravier de la **ferme** alors que le soleil de l'après-midi nous éblouit.

Papa annonce « Nous sommes là », comme si nous ne pouvions pas déjà le voir.

Je lève les yeux vers la grande maison avec intérêt « pourquoi sommes-nous venus ici de toute façon ? Habituellement, grand-maman accueille toujours la famille ? »

La voiture s'éteint et nous commençons à retirer nos ceintures de sécurité « cette année, ta tante voulait que nous venions tous, puisque... » Mes parents partagent un regard, et se tournent vers moi : « tu sais, ton oncle Marc est malade depuis longtemps, et bien... Nous pensons que cela pourrait être la dernière action de grâces que nous avons cette année avec lui. »[80]

Ne sachant pas quoi dire quand je vois les larmes dans les yeux de ma mère pour son frère **aîné**, je marmonne un doux « oh... » suivi d'une pause maladroite.

« Alors ! » La voix de mon père coupe le silence « faisons en le mieux qu'on peut, n'est-ce pas ? Mangez de la dinde délicieuse, fêtez la récolte, et cette année, je vais attraper cette **foutue** dinde » il agite son poing vers le ciel, et sourit à ma mère avant de partager un baiser rapide.

« Euh ! » Je gémis et sors de la voiture, claquant rapidement la portière derrière moi.

Le coffre s'ouvre également avant que mes parents ne sortent, et je les aide à rassembler la nourriture que nous avons apportée, avant de nous diriger vers la porte.

---

ferme	Bauernhof
aîné	ältere

Wir halten an einer roten Ampel und ich bemerke, dass die Bürger der Stadt uns alle beobachten. Der Postbote reicht die Post durch eine Tür, auf der anderen Straßenseite hält eine Frau mit einem Kinderwagen, die uns mit einem neutralen Gesichtsausdruck anschaut.

Zwei Teenager überqueren die Straße und schauen uns beide an, während sie weitergehen.

Ich beuge mich zu meinen Eltern hinunter "Äh, das ist seltsam, oder? Warum schauen uns alle an?"

Mama sagt "Wahrscheinlich fragen sie sich, wer wir sind, weil das hier eine Kleinstadt ist", während Papa sagt "Das ist wegen meinem Auto! Das ist ein schönes Auto!"

Die Ampel schaltet auf grün, wir fahren weiter auf der Straße, dann drehe ich mich um und bemerke, dass die Leute uns immer noch anstarren.

Ich richte mich wieder auf, wobei sich ein Gefühl der Nervosität in meinem Magen breit macht.

Wir parken in der Kiesauffahrt des ***Bauernhof****s, während die Nachmittagssonne uns blendet.*

Papa verkündet "Wir sind da", als ob wir es nicht schon mitbekommen hätten.

Ich schaue interessiert zu dem großen Haus hinauf "Warum sind wir überhaupt hierhergekommen? Normalerweise heißt Oma die Familie immer willkommen?".

Mein Vater schaltet den Motor ab und wir beginnen, die Sicherheitsgurte abzuschnallen "dieses Jahr wollte deine Tante, dass wir alle kommen, da ... ". Meine Eltern teilen sich einen Blick und wenden sich an mich: "Weißt du, dein Onkel Marc ist schon lange krank, also... Wir denken, dass dies vielleicht die letzte Danksagung sein könnte, die wir mit ihm haben."

Da ich nicht weiß, was ich sagen soll, als ich die Tränen für ihren ***älteren*** *Bruder in den Augen meiner Mutter sehe, murmle ich ein leises "oh...", gefolgt von einer unbeholfenen Pause.*

"So!" Die Stimme meines Vaters unterbricht die Stille "Machen wir das Beste daraus, nicht wahr? Esst leckeren Truthahn, feiert die Ernte und dieses Jahr werde ich diesen ***verdammten*** *Truthahn fangen." Er schwingt seine Faust in den Himmel und lächelt meine Mutter an, bevor er einen ihr einen Kuss gibt.*

"Äh!" Ich seufze und steige aus dem Auto aus, wobei ich lautstark die Tür hinter mir zuknalle.

Der Kofferraum öffnet sich ebenfalls, bevor meine Eltern aussteigen, und ich helfe ihnen, das mitgebrachte Essen einzusammeln, bevor wir zur Tür gehen.

---

foutu, foutue verdammt

Je sonne à la porte et il faut quelques minutes à ma tante pour ouvrir la porte. Elle nous accueille chaleureusement, serre ma mère dans ses bras et me donne un baiser humide sur la joue que j'essuie furtivement.

« Je suis tellement heureuse que vous ayez pu vous rendre ! » s'exclame-t-elle alors que nous entrons et enlevons nos chaussures « tout le monde vous attends ! »

« Sommes-nous les derniers arrivés ? », demande mon père.

« Oui, mais ne t'inquiète pas, tu n'as rien raté », elle nous donne un grand sourire.

« Tatie ? » J'obtiens son attention « est-ce c'est juste moi ou les gens de la ville sont-ils bizarres ? Ils nous dévisageaient tous quand nous sommes arrivés ici. »

Elle rit un peu trop fort « tu nous connais, nous, les gens de la campagne, nous ne sommes pas vraiment accueillants avec les étrangers. »

Elle conduit mes parents au salon, me laissant en confusion, je me demande ce que cela voulait dire. Cela n'avait aucun sens, car j'ai toujours su qu'ils étaient chaleureux et accueillants pour toute personne dans le besoin.

Je les suis jusqu'au salon, m'arrêtant à la cuisine pour déposer le bol de salade de patate que j'ai apporté.

Quand je rejoins les autres, je suis surpris de voir mon oncle debout dans le salon, discutant avec d'autres membres de la famille.

Je tire sur la chemise de ma mère « Je pensais qu'oncle Marc était **alité** ? » Je lui demande, et elle se retourne, le visage rempli de joie « c'est un miracle ! Ta tante a dit qu'il s'est soudainement amélioré un jour et qu'il s'améliore **de plus en plus** depuis ! »

« C'est génial ! » J'espère que mon ton ne trahit pas mes pensées, et heureusement, elle se retourne pour parler à quelqu'un d'autre.

Un rétablissement miraculeux semble trop tiré par les cheveux. Je me recule au bord de la pièce et regarde ma famille élargie interagir les uns avec les autres. Je remarque que certains semblent avoir le même regard neutre et lointain que les citadins, et je me rends compte que je suis le seul enfant ici.

Où est mon cousin ? Je me demande et me fraye un chemin à travers le rez-de-chaussée à sa recherche. Au bout d'un moment, je croise ma tante en train de préparer des hors-d'œuvre dans la cuisine avec ma mère.

---

alité im Bett

Ich klingele an der Tür und es dauert ein paar Minuten, bis meine Tante die Tür öffnet. Sie begrüßt uns herzlich, umarmt meine Mutter und gibt mir einen feuchten Kuss auf die Wange, den ich verstohlen abwische.

"Ich bin so froh, dass ihr es geschafft habt!", ruft sie, als wir eintreten und unsere Schuhe ausziehen, "alle warten auf euch!".

"Sind wir die Letzten, die ankommen?", fragt mein Vater.

"Ja, aber keine Sorge, du hast nichts verpasst", grinst sie uns an.

" Tante?" Ich erhalte ihre Aufmerksamkeit "Geht es nur mir so oder sind die Leute in der Stadt komisch? Sie haben uns alle angestarrt, als wir hier ankamen".

Sie lacht etwas zu laut "Du kennst uns ja, wir Landleute sind nicht gerade gastfreundlich gegenüber Fremden."

Sie führt meine Eltern ins Wohnzimmer und lässt mich verwirrt zurück, ich frage mich, was das alles zu bedeuten hatte. Es ergab keinen Sinn, denn ich hatte immer gewusst, dass sie warmherzig und gastfreundlich zu jedem Menschen in Not waren.

Ich folgte ihnen ins Wohnzimmer und hielt in der Küche an, um die Schüssel mit dem mitgebrachten Kartoffelsalat abzustellen.

Als ich mich zu den anderen geselle, bin ich überrascht, meinen Onkel im Wohnzimmer stehen zu sehen, der sich mit anderen Familienmitgliedern unterhält.[83]

Ich zupfe am Hemd meiner Mutter "Ich dachte, Onkel Marc liegt **im Bett***?" Ich frage sie und sie dreht sich um, ihr Gesicht ist voller Freude "Es ist ein Wunder! Deine Tante hat gesagt, dass es ihm eines Tages plötzlich besser ging und seitdem* **immer besser** *geht!"*

"Das ist ja toll!" Ich hoffe, dass mein Tonfall meine Gedanken nicht verrät, und zum Glück dreht sie sich um, um mit jemand anderem zu sprechen.

Eine wundersame Genesung scheint zu weit hergeholt. Ich lehne mich an den Rand des Raumes zurück und beobachte, wie meine Großfamilie miteinander interagiert. Mir fällt auf, dass einige denselben neutralen, weit entfernten Blick zu haben scheinen wie die Stadtbewohner, und mir wird klar, dass ich hier das einzige Kind bin.

Wo ist mein Cousin? frage ich mich und bahne mir auf der Suche nach ihm einen Weg durch das Erdgeschoss. Nach einer Weile treffe ich auf meine Tante, die mit meiner Mutter in der Küche Vorspeisen zubereitet.

---

de plus en plus	immer mehr, zunehmend

Je lui demande où je peux trouver son fils et son visage se fige pendant une demi-seconde, avant de répondre « Nicholas est... », elle s'interrompt « eh bien, il doit être en train de jouer avec des amis à l'extérieur, il sera bientôt de retour. Ne sors pas à sa recherche, d'accord ? », elle ajoute et me tend un des **amuse-gueules** « Le souper sera bientôt prêt. »

Le souper sera prêt sans lui ? Quelle étrange façon de formuler les choses, je me dis en allant prendre une bouchée de la collation avant de m'arrêter.

Je regarde de plus près les petites boules rouges « ark, du caviar, urgh, je ne mange pas ça, qui sert ça durant l'action de grâces ? » Je le repose sur le comptoir et je jette un coup d'œil dans le couloir avant de sortir par la porte de derrière pour chercher mon cousin.

Je marche dans le jardin alors que le soleil commence à descendre derrière la limite des arbres.

L'obscurité arrive vite en octobre, me dis-je en prenant mon téléphone pour voir l'heure. Je panique une seconde quand je réalise qu'il n'est pas dans ma poche, avant de me rappeler que ma mère l'a pris.

Quand je ne vois personne ici, je me dirige vers la grange au bord de la propriété, et je remarque ce qui semble être un fermier au loin. Alors que son corps est détourné de moi avec ses bras arrêtés à mi-oscillation, sa tête est tournée pour me faire face.

Nerveux, j'accélère le pas, espérant être de retour dans la maison avant la nuit. Je veux juste vérifier dans la grange.

J'arrive à la porte légèrement entrouverte et je jette un coup d'œil dans la grange sombre, où j'entends les sons étouffés d'un jeu vidéo.

Trop effrayé pour entrer, j'appelle le nom de mon cousin et le son s'arrête brusquement.

Quelque chose bouge et le visage pâle de mon cousin apparaît dans le noir, un air sombre sur son visage.

« Que fais-tu ici ? » Je lui demande « Nous sommes sur le point de souper. »

Il lui faut une minute pour me répondre.

« Est-ce que tu as déjà mangé ? », il me parle tout bas.

« Quoi ? Pourquoi tu chuchotes ? Je t'entends à peine. » Je fais un pas vers lui et il recule en titubant.

---

amuse-gueules Häppchen

Ich frage sie, wo ich ihren Sohn finden kann, und ihr Gesicht erstarrt für eine halbe Sekunde, bevor sie antwortet: "Nicholas ist...", und sie unterbricht sich selbst: "Nun, er spielt wahrscheinlich mit Freunden draußen, er wird bald zurück sein. Geh nicht nach draußen, um ihn zu suchen, okay?", fügt sie hinzu und reicht mir eines der **Häppchen** *"Das Abendessen wird gleich fertig sein."*

Das Abendessen wird ohne ihn zubereitet? Was für eine seltsame Art, die Dinge zu formulieren, denke ich, während ich einen Bissen von dem Snack nehme, bevor ich stehen bleibe.

Ich schaue mir die kleinen roten Kugeln genauer an "beurk, Kaviar, urgh, das esse ich nicht, wer serviert das während Thanksgiving?". Ich lege es zurück auf den Tresen und werfe einen Blick in den Flur, bevor ich durch die Hintertür gehe, um nach meinem Cousin zu suchen.

Ich gehe durch den Garten, während die Sonne beginnt, hinter die Baumgrenze zu sinken.

Die Dunkelheit bricht im Oktober schnell ein, denke ich, während ich nach meinem Handy greife, um nach der Uhrzeit zu sehen. Ich gerate für eine Sekunde in Panik, als ich merke, dass es nicht in meiner Tasche ist, bevor mir einfällt, dass meine Mutter es mitgenommen hat.

Als ich niemanden hier sehe, gehe ich zu der Scheune am Rande des Grundstücks und bemerke in der Ferne etwas, das wie ein Bauer aussieht. Während sein Körper von mir abgewandt ist und seine Arme halb schwingend stehen bleiben, ist sein Kopf so gedreht, dass er mir zugewandt ist.

Nervös beschleunige ich meine Schritte, in der Hoffnung, vor Einbruch der Dunkelheit wieder im Haus zu sein. Ich will nur kurz in der Scheune nachsehen.

Ich erreiche die leicht angelehnte Tür und werfe einen Blick in die dunkle Scheune, wo ich die gedämpften Geräusche eines Videospiels höre.

Zu ängstlich, um hineinzugehen, rufe ich den Namen meines Cousins und die Geräusche hören abrupt auf.

Etwas bewegt sich und das blasse Gesicht meines Cousins erscheint in der Dunkelheit, ein finsterer Ausdruck liegt auf seinem Gesicht.

"Was machst du hier?" frage ich ihn " Wir sind gerade dabei, zu Abend zu essen."

Es dauert eine Minute, bis er mir antwortet.

"Hast du schon gegessen?", spricht er leise zu mir.

"Was? Warum flüsterst du? Ich kann dich kaum hören." Ich mache einen Schritt auf ihn zu und er taumelt zurück.

J'ai toujours su que mon cousin était antisocial, mais là, c'était un niveau différent.

« Nick, qu'est-ce qui ne va pas chez toi ? » Je le suis pour le trouver assis dans un coin, la tête dans les mains.

« Pourquoi », sanglote-t-il « pourquoi es-tu venu ? »

Ne sachant pas comment lui répondre, j'opte pour lui remonter le moral.

« Eh bien, maman a dit que ton père était malade et que nous devions venir, mais je suis heureux de voir qu'il va mieux. Je suis vraiment content pour toi ! »

« Non, non, non, ce n'est pas bien », il tient ses genoux contre sa poitrine.

« Qu'est-ce qui ne va pas ? » Je le questionne, et une voix retentit derrière moi.

« Tout va bien, comme il se doit. » Je me retourne pour trouver ma tante debout dans l'embrasure de la porte. Une autre main ouvre la porte, révélant le reste de la famille avec mes parents à l'avant.

« Tu as si bien fait, chéri » ma tante félicite son fils « maintenant, nous aurons notre récompense ! » Elle est la seule à exprimer ses émotions, le reste de la famille nous regarde simplement.

Je me retourne vers mon cousin « De quoi parle-t-elle ? » Il me regarde avec de grands yeux, incapable de répondre.

Une main se pose sur mon épaule et je sursaute « ne t'inquiète pas chéri » se penche ma tante « ça ne fait pas mal du tout, et tu vas aider tant de gens », elle sourit largement.

« Tu ne veux pas aider ton oncle ? »

J'essaye de me débattre avec elle, mais les autres membres de ma famille l'aident à me retenir. Elle sort un hors-d'œuvre couvert de caviar et le force dans ma bouche.

« Ne t'inquiète pas », m'explique-t-elle, « tu vas être amené dans une meilleure place avec tes parents, et un clone comme ceux-ci vas te remplacer, et de cette façon, notre famille sera réunie », elle me sourit encore, des larmes se formant dans ces yeux, mais je ne suis pas sur si c'est de l'espoir ou de la tristesse.

J'essaye de crier, mais une vague de sommeil m'envahit, et mes yeux se ferment contre ma volonté. La dernière chose que j'entends est ma tante qui conforte son fils « Ne t'inquiète pas, mon amour, ils m'ont assuré que notre famille sera épargnée quand ils vont venir », et je tombe ensuite dans un sommeil profond, me demandant de qui elle parle.

Ich wusste schon immer, dass mein Cousin antisozial ist, aber das hier war eine ganz andere Ebene.

"Nick, was ist los mit dir?" Ich folge ihm und finde ihn in einer Ecke sitzend mit dem Kopf in die Hände gestützt.

"Warum...", schluchzt er, "warum bist du gekommen?"

Da ich nicht weiß, wie ich ihm antworten soll, beschließe ich, ihn aufzumuntern.

"Nun, Mama hat gesagt, dass dein Vater krank ist und dass wir kommen sollen, aber ich bin froh, dass es ihm besser geht. Ich freue mich wirklich für dich!"

"Nein, nein, nein, das ist nicht gut", er hält seine Knie an seine Brust.

"Was ist los?" Ich frage ihn, woraufhin eine Stimme hinter mir ertönt.

"Alles ist in Ordnung, wie es sein sollte. Ich drehe mich um und finde meine Tante in der Türöffnung stehen. Eine weitere Hand öffnet die Tür und gibt den Blick auf den Rest der Familie mit meinen Eltern an der Spitze frei.

"Du hast das so gut gemacht, Schatz", lobt meine Tante ihren Sohn, "jetzt bekommen wir unsere Belohnung!". Sie ist die Einzige, die ihre Gefühle ausdrückt, während der Rest der Familie uns einfach nur anschaut.

Ich drehe mich zu meinem Cousin um: "Wovon spricht sie?" Er sieht mich mit großen Augen an und ist unfähig zu antworten.

Eine Hand legt sich auf meine Schulter und ich zucke zusammen "Keine Sorge, Schatz", beugt sich meine Tante vor "Es tut überhaupt nicht weh, und du wirst so vielen Menschen helfen", sie lächelt breit.

"Willst du deinem Onkel nicht helfen?"

Ich versuche, mich gegen sie zu wehren, aber die anderen Familienmitglieder helfen ihr, mich zurückzuhalten. Sie holt eine mit Kaviar bedeckte Vorspeise heraus und zwingt sie mir in den Mund.

"Mach dir keine Sorgen", erklärt sie mir, "du wirst mit deinen Eltern an einen besseren Ort gebracht und ein Klon wie dieser wird dich ersetzen, und auf diese Weise wird unsere Familie wieder vereint", sie lächelt mich wieder an, Tränen bilden sich in ihren Augen, ich bin mir nicht sicher, ob es Hoffnung oder Trauer ist.

Ich versuche zu schreien, aber eine Welle des Schlafs überrollt mich und meine Augen fallen gegen meinen Willen zu. Das Letzte, was ich höre, ist meine Tante, die ihren Sohn bestärkt "Mach dir keine Sorgen, meine Liebe, sie haben mir versichert, dass unsere Familie verschont wird, wenn sie kommen", dann falle ich in einen tiefen Schlaf und frage mich, von wem sie spricht.

Stufe 14
Kurzgeschichten Niveau 4

Histoire 9
Parvenir au paradis

Satisfaction visuelle – c'est comme cela qu'ils l'appellent. Il regarda cette sphère flottante que nous appelions notre planète natale.

Il était fasciné par le globe qu'ils avaient à l'école.

Cependant, la vraie chose avait l'air beaucoup mieux. Il n'a ni de grilles, ni de noms de pays, ni de continents, ni d'océans. Au lieu de cela, il ressemble à un marbre géant, tellement plus lisse avec des nuages blancs ressemblant à du coton se fondant parfaitement dans les eaux bleues claires.

Maintenant, cela le fascine encore plus.

Il semble que plus les gens apprennent et découvrent des choses, plus ils apprennent et découvrent qu'ils n'en savent pas assez, et qu'ils ont beaucoup plus à apprendre.

Quand il était plus jeune, il était sûr que tout ici sur terre comme à l'extérieur avait été créé par Dieu. Il les a créés pour que les gens apprécient, et **prennent bien soin d'eux**, mais en vieillissant, il a commencé à demander non seulement quoi, où, quand et qui, mais aussi le pourquoi et le comment.

Cet intérêt ou cette curiosité est la véritable raison pour laquelle il est ici en ce jour si spécial, la Fête des Rois. Il voulait en savoir plus.

Au début, les gens sont satisfaits de ce que leurs parents leur disent. Ensuite, ils vont à l'école et rencontrent leurs professeurs. Puis, ils commencent à apprendre des choses et à vouloir en savoir plus. Il se souvient avoir pensé que peut-être s'il pouvait aller là où se trouve le paradis, il en apprendrait davantage sur Dieu, qui a créé tout cela. C'est devenu la fondation de son rêve.

Maintenant, le voici.

Tout haut dans l'espace, profitant d'une vue que seul un certain nombre de personnes pouvaient avoir, de plus en plus de questions se formaient dans leurs esprits.

---

prendre bien soin de... sich gut um... kümmern

Ins Paradies gelangen

Visuelle Befriedigung - so nannten sie es. Er betrachtete die schwebende Kugel, die wir unseren Heimatplaneten nannten.

Er war fasziniert von dem Globus, den sie in der Schule hatten.

Allerdings sah das echte Ding viel besser aus. Ohne die ganzen Raster, Ländernamen, Kontinente und Ozeane. Stattdessen sieht es wie ein riesiger Marmorkuchen aus, viel glatter, mit weißen Wolken, die wie Baumwolle aussehen und perfekt mit dem klaren blauen Wasser verschmelzen.

Jetzt ist er umso mehr fasziniert.

Es scheint, dass Menschen, je mehr sie lernen und entdecken, desto mehr lernen und entdecken sie, dass sie nicht genug wissen und dass sie noch viel mehr zu lernen haben.

Als er jünger war, war er sich sicher, dass alles hier auf der Erde und außerhalb, von Gott erschaffen wurde. Er hat die Welt so geschaffen, dass die Menschen sie genießen und **sich gut um sie kümmern**, *aber als er älter wurde, begann er, nicht nur nach dem „Was, Wo, Wann und Wer" zu fragen, sondern auch nach dem „Warum und Wie".*

Dieses Interesse oder seine Neugierde ist der eigentliche Grund, warum er an diesem besonderen Tag, dem Dreikönigsfest, hier ist. Er wollte mehr erfahren.

Am Anfang sind die Menschen zufrieden, mit dem, was ihre Eltern ihnen erzählen. Später gehen sie in die Schule und lernen ihre Lehrer kennen. Dort fangen sie an, Dinge zu lernen und wollen mehr wissen. Er erinnert sich daran, dass er dachte, dass er vielleicht, wenn er dorthin gehen könnte, wo der Himmel ist, mehr über Gott erfahren würde, der all das geschaffen hat. Das wurde zum Fundament seines Traums.

Jetzt ist er dort angekommen.

Hoch oben im Weltraum, einen Ausblick genießend, den nur eine bestimmte Anzahl von Menschen vor ihm hatten, bildeten sich in seinem Kopf immer mehr Fragen.

Il pensait que s'il montait aussi haut dans l'espace, il verrait quelque chose ou ressentirait quelque chose, n'importe quoi, qui le ferait comprendre ou le rapprocherait de Dieu.

Cependant, ce n'est pas le cas. Peut-être que cela **est voué à l'échec** — pas le voyage mais sa quête de quelque chose — il ne sait même pas quoi. Peut-être qu'il est Babylone, essayant de construire une tour fière et haute seulement pour s'effondrer sous la confusion des langues. Peut-être qu'il n'est pas censé être ici du tout.

Pourtant, quelque chose à ce sujet semble juste.

En regardant la terre, il est étonné de voir à quel point cette belle chose signifie tant pour lui, pas à cause de sa beauté ou de son apparence majestueuse et magique, surtout **lorsqu'on** la regarde de l'extérieur.

Cela signifie beaucoup pour lui car elle contient des personnes, des lieux et des choses qui lui sont chers. Même s'il n'est pas dessus en ce moment, il a toujours l'impression qu'elle tient son cœur.

Il regarda et se demanda ce que sa famille allait faire en ce moment. Eh bien, il n'a vraiment pas besoin de se poser des questions car c'est toujours la même chose — chaque 6 janvier sur le jour de l'Épiphanie.

Comme ils sont de Belgique et célèbrent le christianisme occidental, la fête pour eux commémore principalement la visite des trois mages à l'enfant Jésus, ainsi que la manifestation physique de Jésus aux Gentils.

Son père jouera de la musique en buvant du vin tandis que sa mère s'assurera que la dinde va bien, et ses frères et sœurs prépareront une galette des rois garnie de délicieuses pommes ou frangipane.

La seule chose qui serait différente, c'est qu'il ne sera pas là et à cause de cela, ils prieraient tranquillement pour qu'il rentre chez lui en toute sécurité tout en faisant ce qu'ils font normalement.

« Ok, maintenant, nous avons quelques fourchettes de dinde ici. Vous devez tous les deux tenir chaque côté et le casser. Celui qui obtient la partie la plus longue verra leur vœu exaucé », a expliqué sa mère.

Il tenait le côté gauche de la fourchette **tandis que** son frère Francis, l'aîné des quatre, tenait le côté droit. Leurs sœurs, Abigail et Anne, tiennent l'autre fourchette.

être voué à l'échec	zum Scheitern verurteilt sein
lorsqu'on	wenn man

Er dachte, wenn er so hoch in den Weltraum aufsteigen würde, könnte er etwas sehen oder fühlen, irgendetwas, das ihn näher an Gott bringen würde.

Dies ist jedoch nicht der Fall. Vielleicht ist das Ganze **zum Scheitern verurteilt** *- nicht die Reise, sondern seine Suche nach etwas - er weiß nicht einmal, nach was. Vielleicht ist er Babylon, der versucht, einen stolzen und hohen Turm zu bauen, nur um unter der Sprachverwirrung zusammenzubrechen. Vielleicht sollte er überhaupt nicht hier sein.*

Dennoch fühlt sich etwas an dieser Stelle richtig an.

Wenn er auf die Erde schaut, ist er erstaunt, wie viel dieses schöne Ding ihm bedeutet. Nicht nur aufgrund seiner Schönheit oder seines majestätischen und magischen Aussehens, sondern vor allem, **wenn man** *es von außen betrachtet.*

Es bedeutet ihm viel, weil es Menschen, Orte und Dinge enthält, die ihm lieb und teuer sind. Auch wenn er gerade nicht auf ihr ist, hat er immer das Gefühl, dass sie sein Herz im Griff hat.

Er sah sich um und fragte sich, was seine Familie wohl gerade tun würde. Nun, er muss sich wirklich nicht wundern, denn es ist immer das Gleiche - jeden 6. Januar am Dreikönigstag.

Da sie aus Belgien kommen und das westliche Christentum feiern, erinnert der Feiertag für sie hauptsächlich an den Besuch der drei Weisen beim Jesuskind sowie an die physische Manifestation von Jesus für die Heiden.

Sein Vater wird Musik machen und Wein trinken, während die Mutter nach dem Truthahn schaut und seine Geschwister einen Dreikönigskuchen backen, der mit leckeren Äpfeln belegt, oder einer Mandelcreme gefüllt ist.

Das Einzige, was anders wäre, ist, dass er nicht da sein würde, und deswegen würden sie ruhig beten, dass er sicher nach Hause kommt, während sie das tun, was sie normalerweise tun.

"Okay, jetzt haben wir hier ein paar Putenknochen. Ihr müsst beide eine Seite festhalten und sie dann abbrechen. Derjenige, der die längste Hälfte hat, bekommt einen Wunsch erfüllt", erklärte seine Mutter.

Er hielt die linke Seite des Knochens, **während** *sein Bruder Francis, der älteste der vier Kinder, die rechte Seite hielt. Ihre Schwestern Abigail und Anne hielten einen weiteren Knochen.*

---

tandis que während

« Pour quoi pouvons-nous souhaiter ? » Il a demandé à ses parents.

« **N'importe quoi** ! », son père a répondu, suivi d'un rire.

« Je veux une nouvelle bible ! Il s'est exclamé. Il avait 9 ans et il utilisait la vieille bible de son père. Son meilleur ami, Richard venait d'en recevoir une nouvelle qui est toute lisse et brillante, avec des pages propres et blanches.

« Une bible, hein ? » dit son père avec un sourire fier. Il leur dit toujours de lire la Bible tous les jours. La famille va à l'église tous les dimanches et ils ont une étude biblique en famille tous les mercredis soir. Ils ont chacun reçu une bible comme cadeau de Noël — de vieilles bibles. Un de leur père, un de leur mère et deux des amis de leurs parents à l'église.

« Andouille ! » insulta Francis **en chuchotant** pour que leurs parents ne l'entendent pas. Il avait alors 12 ans.

« Eh bien, qu'est-ce que tu veux ? », il a demandé à Francis.

« Je veux un vélo ! », a crié Francis.

« Je veux une nouvelle poupée Barbie — celle qui porte une robe de mariée ! », dit Abigail. Abigail avait alors sept ans et elle possédait déjà une collection de plus de dix poupées Barbie.

« Je veux des bottes roses ! », s'exclama Anne. Elle avait cinq ans et elle aimait tout ce qui était rose. Ce jour-là, elle portait un bandeau en dentelle rose, une barboteuse rose et des baskets roses.

C'était un moment parfait dont il se souviendra toujours. Il a tous les gens qu'il aime autour de lui, il sent la galette des rois cuire, son ventre est rempli de dinde, et il a vu son père sourire fièrement à cause de ce qu'il a dit. Il adore rendre son père fier.

Les plus jeunes ont gagné. Francis a fait tout le **craquage** et il s'est juste accroché à son côté de la fourchette aussi fort qu'il le pouvait. Anne a gagné aussi.

Ensuite, ils ont partagé une délicieuse galette des rois, et cette fois Abigail a trouvé la fève dans son morceau et a été couronnée reine du jour.

Le lendemain, papa est rentré du travail avec une nouvelle bible pour lui et une paire de bottes roses pour Anne.

N'importe quoi	Alles (=egal was)
en chuchotant	flüsternd (*‚en' + Verbstamm + -ant*: *Gerundium im Französischen*)

" Wofür dürfen wir uns etwas wünschen?" fragte er seine Eltern.

*"**Alles**!", antwortete sein Vater, gefolgt von einem Lachen.*

"Ich wünsche mir eine neue Bibel! rief er. Er war neun Jahre alt und benutzte die alte Bibel seines Vaters. Sein bester Freund Richard hatte gerade eine neue bekommen, die ganz glatt und glänzend war, mit sauberen, weißen Seiten.

"Eine Bibel, hm?", sagte sein Vater mit einem stolzen Lächeln. Er sagt ihnen immer, dass sie jeden Tag in der Bibel lesen sollen. Die Familie geht jeden Sonntag in die Kirche und sie haben jeden Mittwochabend eine Familienbibelstunde. Jeder von ihnen hat zu Weihnachten eine Bibel geschenkt bekommen - alte Bibeln. Eine von ihrem Vater, eine von ihrer Mutter und zwei von den Freunden ihrer Eltern in der Kirche.

*"Dummkopf!", beschimpfte Francis **flüsternd**, damit seine Eltern ihn nicht hörten. Er war damals zwölf Jahre alt.*

"Na, was willst du denn?", fragte er Francis.

"Ich will ein Fahrrad!", schrie Francis.

"Ich will eine neue Barbiepuppe - die mit dem Hochzeitskleid!", sagte Abigail. Abigail war damals sieben Jahre alt und besaß bereits eine Sammlung von mehr als zehn Barbiepuppen.

"Ich will rosa Stiefel!", rief Anne. Sie war fünf Jahre alt und liebte alles, was rosa war. An diesem Tag trug sie ein rosafarbenes Spitzenstirnband, einen rosafarbenen Strampelanzug sowie rosafarbene Turnschuhe.

Es war ein perfekter Moment, an den er sich immer erinnern wird. Er hat alle Menschen, die er liebt, um sich herum, er riecht den Dreikönigskuchen, sein Bauch ist voll mit Truthahn und er hat gesehen, wie sein Vater stolz über das, was er gesagt hat, lächelt. Er liebt es, seinen Vater stolz zu machen.

*Die Jüngsten haben gewonnen. Francis hat das ganze **Knacken** übernommen und sich einfach an seiner Seite des Knochens festgehalten, so fest er konnte. Anne gewann ebenfalls.*

Danach teilten sie sich einen leckeren Dreikönigskuchen. Diesmal fand Abigail die Bohne in ihrem Stück und wurde zur Königin des Tages gekrönt.

Am nächsten Tag kam Papa von der Arbeit nach Hause und hatte eine neue Bibel für seinen Sohn und ein Paar rosa Stiefel für Anne dabei.

---

craquage Knacken

Il sourit au souvenir. En même temps, son cœur se serra soudainement en se rappelant qu'une autre chose sera différente cette année. **À part** lui, Abigail ne sera pas non plus avec la famille. Cependant, le cas est différent d'elle.

Bien qu'il ait choisi de s'absenter ce jour-là, Abigail n'avait pas le choix. Il y a à peine trois mois, ils ont appris qu'Abigail avait une tumeur cérébrale cancéreuse.

Dire que cela a **ébranlé** la foi de la famille est un euphémisme. Sa mère voulait continuer l'opération tandis que son père croyait que Dieu était au contrôle et qu'ils devaient croire aux miracles de Dieu.

Les frères et sœurs n'ont même pas eu le temps de se prononcer sur la question. Quelques semaines plus tard, son père a finalement cédé et dans la salle d'opération, ils ont perdu Abigail.

Était-ce parce qu'ils semblaient abandonner leur foi lorsqu'ils ont accepté l'opération ?

Est-ce parce qu'ils ont décidé trop tard ?

Était-ce parce que c'était vraiment le jour et l'heure fixé pour Abigail parce qu'elle avait déjà atteint son objectif dans cette vie ?

Était-ce parce qu'elle avait fait quelque chose de mal et que c'était sa punition?

Y avait-il une quelconque raison ou Dieu avait-il simplement envie de la récupérer ?

Est-il vraiment en contrôle ?

Pourquoi aurait-il permis qu'une telle chose se produise ?

Comment a-t-il décidé de faire en sorte que cela se produise dans cette famille ? Où ont-ils mal tourné ?

Chaque nuit, il restait éveillé à poser des questions, sans jamais obtenir de réponses.

Quand Abigail est décédée, quelque chose d'invisible a changé. Sa famille a continué leurs vies avec un changement permanent, se déchirant à chaque fois qu'il y avait une place libre à table, à chaque fois qu'ils voyaient une poupée Barbie et à chaque fois qu'ils passaient devant sa chambre. **En dehors de cela**, chacun d'eux a soudainement trouvé un trou béant dans leur cœur.

« Elle est dans un meilleur endroit maintenant. »

à part	abgesehen von
ébranlé	erschüttert

Er lächelt bei der Erinnerung. Gleichzeitig zog sich sein Herz plötzlich zusammen, als er sich daran erinnerte, dass in diesem Jahr noch etwas anders sein wird. **Abgesehen von** *ihm wird auch Abigail nicht bei der Familie sein. Allerdings unterscheidet sich der Fall von ihr.*

Obwohl er sich entschieden hatte, an diesem Tag zu fehlen, hatte Abigail keine andere Wahl. Vor knapp drei Monaten erfuhren sie, dass Abigail einen krebsartigen Hirntumor hat.

Zu sagen, dass dies den Glauben der Familie **erschüttert** *hat, wäre eine Untertreibung. Ihre Mutter wollte die Operation fortsetzen, während ihr Vater glaubte, dass Gott die Kontrolle darüber hätte und, dass sie an Gottes Wunder glauben sollten.*

Die Geschwister hatten nicht einmal die Zeit, sich zu der Frage zu äußern. Einige Wochen später gab ihr Vater schließlich nach, im Operationssaal verloren sie Abigail dann.

Lag es daran, dass sie ihren Glauben aufzugeben schienen, als sie der Operation zustimmten?

Lag es daran, dass sie sich zu spät entschieden hatten? War es, weil es wirklich der Tag und die Stunde war, die für Abigail bestimmt war, weil sie ihr Ziel in diesem Leben bereits erreicht hatte?

War es, weil sie etwas Falsches getan hatte und dies ihre Strafe war?

Gab es irgendeinen Grund dafür oder wollte Gott sie einfach nur zurückhaben?

Hat er die Kontrolle?

Warum sollte er zulassen, dass so etwas passiert?

Wie hat er sich dazu entschieden, dass es in dieser Familie geschehen sollte? Wo sind sie falsch abgebogen?

Jede Nacht lag er wach und stellte sich diese Fragen, ohne jemals eine Antwort darauf zu erhalten.

Als Abigail starb, veränderte sich etwas Unsichtbares. Ihre Familie setzte ihr Leben mit einem ständigen Wandel fort und zerriss jedes Mal, wenn es einen freien Platz am Tisch gab, wenn sie eine Barbiepuppe sahen oder an ihrem Zimmer vorbeikamen. **Abgesehen davon** *fand jeder von ihnen plötzlich ein großes Loch in ihrem Herzen.* [90]

„Sie ist jetzt an einem besseren Ort."

---

en dehors de cela abgesehen davon

« Maintenant, elle ne ressent aucune douleur. Plus rien ne lui fait de mal. »

« Elle est maintenant avec notre Créateur. Elle est à la maison. »

Ce ne sont que quelques-unes des choses que les gens lui disent, ainsi qu'au reste de sa famille. Il comprend qu'ils veulent juste que la famille se sente mieux. Eh bien, dans un sens, cela les fait se sentir mieux que les autres se soucient. Cependant, il ne cherche pas de mots réconfortants et consolants à ce moment-là.

Ce qu'il voulait, c'était des réponses.

« Seigneur, nous étions fidèles. Nous allions à l'église tous les dimanches. Nous avions régulièrement des études bibliques. Nous vous adorons dès que nous ouvrons les yeux le matin et nous vous laissons tout avant de dormir le soir. Vous nous avez promis des choses merveilleuses. Vous nous avez promis des miracles tant que nous croirons. On a fait tout cela et plus, mais vous avez quand même pris Abigail. Vous nous avez fait du mal. Pourquoi ? », il avait demandé à Dieu dans une lettre le jour des funérailles d'Abigail.

Il soupira et posa encore plus de questions.

Quand sera-t-il temps pour lui de partir ?

Quel est son but dans cette vie ?

Qu'est-ce qui attend au-delà de cette vie ?

Tout est-il vain ?

Et si son heure venait et qu'il restait encore tant de questions sans réponse ?

Il pensa à la prédication de ce dimanche. Le mot était **tiré de** Michée 4:12 et il était dit : « Mais ils ne connaissent pas les pensées du Seigneur, et ils ne comprennent pas son dessein ; car il les a rassemblés comme des gerbes jusqu'à l'aire de battage. »

Alors peut-être, pensa-t-il, n'est-il pas censé comprendre ce que le seigneur veut. Peut-être qu'il n'est pas censé tout savoir et tout comprendre.

Tout d'un coup, il eut l'impression que quelque chose l'avait frappé. Il eut soudain l'impression qu'il pouvait enfin respirer pour la première fois. Sur ce, il sentit un lourd fardeau se soulever de ses épaules et il pleura des larmes de joie.

être tirer de... aus... stammen

" Jetzt spürt sie keine Schmerzen mehr. Nichts tut ihr mehr weh."

" Sie ist jetzt bei unserem Schöpfer. Sie ist zu Hause."

Dies sind nur einige der Dinge, die die Menschen zu ihm und dem Rest seiner Familie sagen. Er versteht, dass sie nur wollen, dass sich die Familie besser fühlt. Nun, in gewisser Weise fühlen sie sich dadurch besser, dass sich die anderen kümmern, allerdings sucht er in diesem Moment nicht nach tröstenden und aufmunternden Worten.

Was er wollte, waren Antworten.

"Herr, wir waren treu. Wir gingen jeden Sonntag in die Kirche. Wir hatten regelmäßig Bibelstunden. Wir beteten dich an, sobald wir morgens die Augen aufschlugen, und wir überließen dir alles, bevor wir abends schlafen gingen. Sie haben uns wunderbare Dinge versprochen. Ihr habt uns Wunder versprochen, solange wir glauben. Wir haben all das und noch mehr getan, aber Sie haben Abigail trotzdem mitgenommen. Ihr habt uns wehgetan. Warum?", hatte er Gott am Tag von Abigails Beerdigung in einem Brief gefragt.

Er seufzte und stellte noch mehr Fragen.

Wann ist es für ihn an der Zeit zu gehen?

Was ist sein Ziel in diesem Leben?

Was erwartet ihn nach diesem Leben?

Ist alles umsonst?

Was, wenn seine Zeit gekommen ist und es noch so viele unbeantwortete Fragen gibt?

Er dachte an die Predigt an diesem Sonntag. Das Wort ***stammte aus*** *Micha 4:12 und dort hieß es: "Aber sie kennen die Gedanken des Herrn nicht und verstehen seinen Ratschluss nicht; denn er hat sie wie Garben bis zur Dreschtenne zusammengebracht."*

Vielleicht, so dachte er, soll er also gar nicht verstehen, was der Herr will. Vielleicht soll er nicht alles wissen und alles verstehen.

Plötzlich *hatte er das Gefühl, dass ihn etwas getroffen hatte. Plötzlich hatte er das Gefühl, dass er zum ersten Mal wieder atmen konnte. Daraufhin spürte er, wie eine schwere Last von seinen Schultern fiel und er weinte Freudentränen.*

---

tout d'un coup plötzlich

Histoire 10

Une poupée d'or

Un feu chaleureux éclaire la maison sombre comme seule source de lumière. Le vent froid souffle à travers les murs mal isolés, mais les flammes restent féroces et fortes. Une petite fille est assise à côté du foyer, écoutant son frère aîné raconter des histoires de Saint-Nicolas, le généreux saint patron.

« Et si tu places tes chaussures à côté du foyer, avec des carottes ou de l'avoine pour son âne, tu auras des cadeaux si tu as été gentille, ou des morceaux de charbon si tu as été **méchante**. »

Sa sœur le regarde avec de grands yeux curieux, attendant qu'il continue.

Il lève un sourcil : « As-tu été gentille ? Ou **coquine** ? », il questionne, et elle sursaute, excitée, elle crie « GENTILLE !! »

Son frère rit en la regardant lutter pour retirer ses chaussures assez rapidement, les jetant presque dans le feu pendant qu'elle le fait.

« Maintenant, tu dois aller te coucher et fermer les yeux rapidement, sinon il ne pourra pas se présenter ! »

Elle rit et s'enfuit alors que son frère la poursuit jusqu'à leur chambre, une petite garde-robe qui tient à peine un matelas pour eux.

Grimpant sur le matelas en lambeaux, elle prend sa place la plus proche du mur, laissant de l'espace pour que sa mère et son frère viennent également se coucher.

Il la borde **étroitement** alors qu'elle se tortille dans le lit, incapable de dormir à cause de l'excitation. Il retourne au salon où il place ses chaussures **soigneusement** ensemble, loin des flammes, avant de se diriger vers la cuisine. Il voit sa mère assise à la petite table, la tête dans les mains.

Il la rejoint à table, prend le dernier morceau de pain moisi et le fourre dans sa bouche.

« Qu'est-ce qui ne va pas, maman ? », demande-t-il à la femme qui pleure.

---

méchant(e)	unartig, frech
coquin(e)	unartig, frech

Eine goldene Puppe

Ein warmes Feuer erhellt das dunkle Haus als einzige Lichtquelle. Der kalte Wind bläst durch die schlecht isolierten Wände, aber die Flammen bleiben wild und stark. Ein kleines Mädchen sitzt neben der Feuerstelle und hört ihrem älteren Bruder zu, der Geschichten vom großzügigen St. Nikolaus erzählt.

"Und wenn du deine Schuhe neben die Feuerstelle stellst, zusammen mit Karotten oder Hafer für seinen Esel, dann bekommst du Geschenke, wenn du brav warst, oder Kohlestücke, wenn du ***unartig*** *warst."*

Seine Schwester schaut ihn mit großen, neugierigen Augen an und wartet darauf, dass er fortfährt.

Er zieht eine Augenbraue hoch: "Warst du brav? Oder ***unartig****?", fragt er, woraufhin sie aufgeregt aufspringt und schreit "BRAVVV!!!".*

Ihr Bruder lacht, als er beobachtet, wie sie damit kämpft, ihre Schuhe schnell genug auszuziehen, und sie dabei fast ins Feuer wirft.

"Jetzt musst du ins Bett gehen und schnell die Augen schließen, sonst wird er nicht auftauchen!"

Sie lacht und rennt los, während ihr Bruder sie zu ihrem Schlafzimmer begleitet, einem kleinen Raum, in den ihre Matratze kaum hineinpasst.

Sie klettert auf die zerfetzte Matratze und nimmt ihren Platz ein, der am nächsten an der Wand liegt, sodass ihre Mutter und ihr Bruder Platz haben, um sich ebenfalls hinzulegen.

Er deckt sie ***eng*** *zu, während sie sich im Bett windet und vor Aufregung nicht schlafen kann. Er geht zurück ins Wohnzimmer, wo er seine Schuhe* ***sorgfältig*** *zusammenstellt, weg von den Flammen, bevor er sich in die Küche begibt. Er sieht seine Mutter an einem kleinen Tisch sitzen, die ihren Kopf in die Hände stützt.*

Er setzt sich zu ihr an den Tisch, nimmt das letzte Stück verschimmeltes Brot und stopft es sich in den Mund.

"Was ist los, Mama?", fragt er die weinende Frau.

étroitement	eng
soigneusement	sorgfältig

Elle essuie ses larmes et lui sourit, essayant d'être forte « nous n'avons rien à offrir pour les cadeaux cette année. Avec la guerre, je peux à peine trouver du travail. Nous devrons bientôt faire travailler ta sœur. »

Choqué, il proteste « Mais elle **n'a que** 10 ans, elle ne peut pas encore commencer à travailler ! »

« Elle peut **soit** travailler, **soit** mourir de faim. As-tu une préférence ? »

Cela fait taire le garçon.

Avec un air renfrogné, il met son manteau et quitte la maison, se dirigeant vers la ruelle où il rencontre habituellement ses amis. Il les trouve en train de donner des coups de pied dans du fil de clôture enroulé pour l'utiliser comme une balle, et alors qu'il les rejoint, ils remarquent immédiatement son comportement aigre.

« Qu'est-ce qui ne va pas, Charles ? », lui demande Maria.

« Je suis inquiet pour ma sœur », explique-t-il, « ma mère a besoin qu'elle commence à travailler bientôt, et nous ne pouvons même pas lui offrir de cadeau pour la fête de Saint-Nicolas. »

« C'est quoi la Saint-Nicolas ? », demanda Henri, l'autre enfant.

Il tourne son regard vers lui « tu ne l'as jamais fêté avec ton oncle et ta tante ? », Lui demande Charles, et le visage de son ami s'assombrit immédiatement.

« Je suis désolé, je ne voulais pas dire. »

« Non, ça va, ils ne sont juste pas souvent à la maison. »

« Eh bien, heureusement que tu nous aie ! », dit Maria en passant ses bras autour des épaules des garçons.

En se dirigeant vers la ville, ils expliquent à Henri l'origine de la fête.

« Donc, Saint Nicolas était ce type qui a donné tout ce qu'il possédait juste pour aider les personnes malades ou pauvres, comme nous », explique Charles.

Maria ajoute « il a vécu il y a très, très longtemps, et de nos jours la légende, qui origine en Suisse — notamment à Fribourg — dit que si vous laissez vos chaussures près du foyer, il se montrera et vous laissera des cadeaux, ou du charbon si vous avez été mauvais. »

« Un peu comme Noël et Père Noël ? », Henri demande.

---

ne... que nur, erst

Sie wischt sich die Tränen weg und lächelt ihn an, versucht, stark zu sein "Wir haben dieses Jahr nichts zu verschenken. Wegen des Krieges kann ich kaum Arbeit finden. Bald müssen wir auch deine Schwester arbeiten lassen."

Schockiert protestiert er "Aber sie ist doch ***erst*** *zehn Jahre alt, sie ist noch zu jung, um zu arbeiten!"*

"Sie kann ***entweder*** *arbeiten* ***oder*** *verhungern. Was ist dir lieber?"*

Das bringt den Jungen zum Schweigen.

Mit mürrischem Blick zieht er seinen Mantel an, verlässt das Haus und geht in Richtung der Gasse, in der er sich normalerweise mit seinen Freunden trifft. Er findet sie dabei, wie sie gegen aufgerollten Zaundraht treten, um ihn als Ball zu benutzen, und als er zu ihnen stößt, bemerken sie sofort sein betrübtes Verhalten.

"Was ist los, Charles?", fragt Maria ihn.

"Ich mache mir Sorgen um meine Schwester", erklärt er, "meine Mutter meint, sie müsse bald anfangen zu arbeiten, denn wir können ihr nicht einmal ein Geschenk zum Nikolaustag geben."

"Was ist der Nikolaustag?", fragt Henri, das andere Kind.

Er richtet seinen Blick auf ihn "Hast du ihn nie mit deinem Onkel und deiner Tante gefeiert?", fragt Ihn Charles, und das Gesicht seines Freundes verfinstert sich sofort.

"Es tut mir leid, ich habe es nicht so gemeint. "

"Nein, schon gut, sie sind nur nicht so oft zu Hause."

"Na, gut, dass du uns hast!", sagt Maria und legt ihre Arme um die Schultern des Jungen.

Auf dem Weg in die Stadt erklären sie Henri den Ursprung des Festes.

"Also, St. Nikolaus war dieser Typ, der alles, was er besaß, verschenkt hat, nur um kranken oder armen Menschen wie uns zu helfen", erklärt Charles.

Maria fügt hinzu: "Er lebte vor langer, langer Zeit, und heutzutage besagt die Legende, die ihren Ursprung in der Schweiz - insbesondere in Freiburg - hat, dass, wenn du deine Schuhe in der Nähe des Kamins stehen lässt, er auftaucht und dir Geschenke hinterlässt, oder Kohle, wenn du unartig warst."

"So ähnlich wie Weihnachten und Weihnachtsmann?", fragt Henri.

---

soit...soit entweder...oder

« En quelque sorte, le Père Noël a été inspiré par Saint Nicolas », dit Maria alors que nous atteignons la place principale.

« Au fait, pourquoi marchons-nous ici ? », elle demande.

« Je veux vraiment obtenir quelque chose pour ma petite sœur, quand ma mère a dû me dire que Saint-Nicolas, ou le Père Noël n'était pas réel, ça m'a complètement écrasé. Elle est si heureuse d'y croire, je veux juste qu'elle continue à être comme ça un peu plus longtemps. »

« Awww ! », Maria soupire « J'aimerais bien que mes frères fassent ça pour moi ! »

Ils parcourent le marché à la recherche de tout ce qu'un enfant pourrait aimer, mais avec la crise de la Seconde Guerre mondiale, il n'y a plus beaucoup de jouets.

Une petite poupée attire l'attention de Maria dans l'un des étals des vendeurs et elle le fait remarquer à son amie.

« Monsieur ! » Charles a crié « combien coûte la poupée ? »

« Plus que tu ne peux te permettre, **gamin** », dit le vendeur d'un ton bourru « **Fichez-moi la paix**. »

Désespéré, Charles demande « et si je travaillais en échange de la poupée ? »

« Pas beaucoup de travail ces jours-ci. Désolé gamin, tu n'as pas de chance. »

« Eh bien, avez-vous besoin de quelque chose ? », le garçon pousse, car c'était le premier jouet d'enfant qu'il avait vu depuis des mois.

Le vieil homme soupire d'exaspération « écoute gamin, je te l'ai dit- », il s'arrête, « en fait... écoute, si tu peux me procurer une paire de bottes à embout d'acier, taille 11, je te donnerai la poupée. »

« Merci ! », s'exclame Charles, et commence à traquer une paire de bottes.

« Où vas-tu trouver ça ? », Henri demande à son ami.

« J'ai vu quelqu'un qui vendait des bottes plus tôt dans la rue », explique Charles. « Allons jeter un coup d'œil. »

« Tu ne penses pas à voler, j'espère ? » Demande Maria avec inquiétude alors qu'ils se dirigent vers le vendeur « ce ne serait pas juste, surtout le jour de la Saint-Nicolas. »

« Bien sûr que non ! » Son ami se défend « on va trouver un moyen. »[97]

---

gamin Kleiner

"In gewisser Weise wurde der Weihnachtsmann von St. Nikolaus inspiriert", sagt Maria, als wir den Hauptplatz erreichen.

"Übrigens, warum laufen wir hier?", fragt sie.

"Ich möchte wirklich etwas für meine kleine Schwester finden, denn als meine Mutter mir sagen musste, dass St. Nikolaus oder der Weihnachtsmann nicht echt sind, hat mich das total überwältigt. Sie ist so glücklich, dass sie daran glaubt, ich will nur, dass es noch ein bisschen länger so bleibt".

"Awwww!", Maria seufzt, "Ich wünschte, meine Brüder würden das für mich tun!"

Sie durchforsten den Markt nach allem, was ein Kind lieben könnte, aber aufgrund der Krise während des Zweiten Weltkriegs gibt es nicht mehr viele Spielzeuge.

Eine kleine Puppe erregt Marias Aufmerksamkeit in einem der Stände der Verkäufer und sie macht ihre Freunde darauf aufmerksam.

"Herr!" rief Charles, "Wie viel kostet die Puppe?"

"Mehr als du dir leisten kannst, ***Kleiner****", sagte der Verkäufer in einem ruppigen Ton "* ***Lass mich in Ruhe****."*

Verzweifelt fragt Charles: "Was wäre, wenn ich im Austausch für die Puppe arbeiten würde?"

"Es gibt nicht viel Arbeit in diesen Tagen. Tut mir leid, Kleiner, da hast du leider kein Glück."

"Nun, brauchen Sie etwas?", drängt der Junge, denn dies war das erste Kinderspielzeug, das er seit Monaten gesehen hatte.

Der alte Mann seufzt entnervt "Hör mal, Junge, ich habe es dir doch gesagt", er hält inne, "eigentlich ... hör mal, wenn du mir ein Paar Stiefel mit Stahlkappe in Größe 11 besorgen kannst, gebe ich dir die Puppe."

"Danke!", ruft Charles aus und beginnt, ein Paar Stiefel aufzuspüren.

"Wo willst du die hernehmen?", fragt Henri seinen Freund.

"Ich habe vorhin auf der Straße jemanden gesehen, der Stiefel verkauft hat", erklärt Charles. " Lass uns da mal nachschauen".

"Du denkst doch nicht etwa ans Stehlen, oder?" Fragt Maria besorgt, während sie auf den Verkäufer zugehen "Das wäre nicht fair, vor allem nicht am Nikolaustag."

"Natürlich nicht!" Ihr Freund verteidigt sich " wir werden schon einen Weg finden ".

Fichez-moi la paix Lass mich in Ruhe

Ils y arrivent et surprennent un homme et sa femme dans une dispute violente. Les enfants se tiennent maladroitement sur le côté et regardent la femme partir en trombe.

« Oh Seigneur » soupire l'homme « qu'est-ce que je vais faire maintenant ?! », il saisit sa nuque à deux mains, les yeux fermés.

« Génial, il est de mauvaise humeur maintenant », dit Henri.

« Non, c'est une chance parfaite ! » Maria murmure « regarde et apprends », elle leur fait un clin d'œil avant de sautiller vers l'homme.

« Excusez-moi monsieur, je n'ai pas pu m'empêcher de vous entendre vous disputer avec votre femme », dit-elle très poliment.

Il la regarde et grogne : « qu'est-ce que tu veux ? »

« Eh bien, si nous pouvions vous aider, et en retour, vous pouvez nous aider ? »

« Comment pouvez-vous m'aider ? », demande-t-il, intrigué.

« Faites-moi confiance **en tant que** femme, je sais ce qu'une femme veut, et la meilleure chose pour attirer son cœur serait un beau portrait dessiné à la main », dit-elle d'une voix douce.

L'homme se penche sur le comptoir « où vais-je chercher ça ? »

« Vous avez de la chance, mon ami ici est le *meilleur* artiste de la ville, et pour le prix bas, bas d'une paire de bottes à bout d'acier, taille 11, il peut vous faire n'importe quoi, **à la demande** ! »

L'homme jette un regard soupçonneux sur les garçons et se moque « Je pense que je vais passer ! »

Maria hausse les épaules et se détourne : « Eh bien, si vous ne pouvez même pas investir pour un cadeau, je suppose que votre mariage est déjà condamné. »

L'homme semble penser à sa pendant une seconde et crie « attendez ! »

Il sort un morceau de fusain et une feuille de papier froissé et les tend à Charles.

Heureusement, il avait des compétences artistiques et a suivi les ordres de l'homme pour le dessiner pendant qu'il pose fièrement, les mains sur les hanches et le menton en l'air.

---

en tant que (in der Eigenschaft) als

Sie erreichen den Stand und überraschen einen Mann und seine Frau bei einem heftigen Streit. Die Kinder stehen unbeholfen an der Seite und sehen zu, wie die Frau davon stürmt.

"Oh Gott", seufzt der Mann, "was soll ich denn jetzt machen?!", er greift mit beiden Händen in ihren Nacken, die Augen sind geschlossen.

"Toll, jetzt hat er schlechte Laune", sagt Henri.

"Nein, das ist eine perfekte Chance!" Maria flüstert "Schau und lerne", sie zwinkert ihnen zu, bevor sie zu dem Mann hüpft.

"Entschuldigen Sie, Herr, ich konnte nicht überhören, wie Sie sich mit Ihrer Frau streiten", sagt sie sehr höflich.

Er schaut sie an und knurrt: "Was willst du?"

"Nun, wie wäre es, wenn wir Ihnen helfen und Sie uns im Gegenzug helfen könnten?"

"Wie könntet ihr mir denn helfen?", fragt er fasziniert.

"Vertrauen Sie mir ***als*** *Frau, ich weiß, was eine Frau will, und das Beste, um ihr Herz zu gewinnen, wäre ein schönes, handgezeichnetes Porträt", sagt sie mit sanfter Stimme.*

Der Mann beugt sich über den Tresen "Wo soll ich das hernehmen?"

"Sie haben Glück, mein Freund hier ist der beste Künstler der Stadt, und für einen niedrigen Preis, ein Paar Stiefel mit Stahlkappe, Größe 11, kann er Ihnen alles machen, was Sie wollen, ***auf Wunsch****!"*

Der Mann wirft einen misstrauischen Blick auf die Jungen und spottet: "Ich glaube, ich passe!"

Maria zuckt mit den Schultern und wendet sich ab: "Nun, wenn Sie nicht einmal für ein Geschenk investieren können, ist Ihre Ehe wohl schon zum Scheitern verurteilt."

Der Mann scheint eine Sekunde lang an sie zu denken und ruft: "Moment!".

Er holt ein Stück Kohle und ein zerknittertes Blatt Papier hervor und hält sie Charles hin.

Glücklicherweise hatte er künstlerische Fähigkeiten und folgte den Anweisungen des Mannes, um ihn zu zeichnen, während er stolz posiert, die Hände in die Hüften gestemmt und das Kinn in die Luft gestreckt.

à la demande auf Wunsch

Lorsque le **croquis** fut terminé, il le rendit à l'homme qui en parut satisfait.

« Je suis superbe ! », dit-il joyeusement, avant de se tourner vers les enfants « pensez-vous vraiment qu'un dessin de moi empêchera ma femme d'être fâchée ? »

Les enfants se regardent avant de parler tous en même temps.

« Mhmm, bien sûr. »

« Certainement »

« Bien sûr ! »

Satisfait, l'homme lui tend la paire de bottes et les enfants se précipitent tout excités vers l'étal où se trouve le petit jouet.

L'homme était sur le point de fermer et a été agréablement surpris quand il a vu les enfants courir vers lui. Il a **joyeusement** échangé le jouet contre les bottes, et les enfants étaient sur le chemin du retour à la maison avant la tombée de la nuit.

Ils échangèrent des adieux et Charles nota de ne pas oublier d'apporter quelque chose à ses amis l'année prochaine le jour de la Saint-Nicolas.

De retour à la maison, il ôta son manteau et plaça soigneusement la poupée dans les chaussures de sa sœur.

Il se dirige vers la chambre où sa mère dort déjà, serrant sa fille dans ses bras dans son sommeil. Le garçon met son pyjama et se couche avec eux, se blottissant contre sa maman pour se réchauffer, et s'endort en rêvant aux histoires de Saint-Nicolas.

---

croquis Skizze

Als die ***Skizze*** *fertig war, gab er sie dem Mann zurück, der damit zufrieden schien.*

"Ich sehe großartig aus", sagte er fröhlich, bevor er sich an die Kinder wandte, "glaubt ihr wirklich, dass eine Zeichnung von mir meine Frau davon abhalten wird, wütend zu sein?"

Die Kinder sehen sich an, bevor sie alle gleichzeitig sprechen.

"Mhmm, natürlich."

"Sicher."

"Natürlich!"

Zufrieden reicht der Mann ihm das Paar Stiefel und die Kinder rennen aufgeregt zu dem Stand, an dem das kleine Spielzeug verkauft wird.

Der Mann wollte gerade schließen und war angenehm überrascht, als er sah, dass die Kinder auf ihn zuliefen. Er tauschte ***freudig*** *das Spielzeug gegen die Stiefel und die Kinder waren vor Einbruch der Dunkelheit auf dem Weg nach Hause.*

Sie tauschten Abschiedsgrüße aus und Charles notierte sich, dass er nicht vergessen sollte, seinen Freunden nächstes Jahr am Nikolaustag etwas mitzubringen.

Als er wieder zu Hause war, zog er seinen Mantel aus und legte die Puppe sorgfältig in die Schuhe seiner Schwester.

Er geht zum Schlafzimmer, wo seine Mutter bereits schläft und ihre Tochter in den Armen hält. Der Junge zieht seinen Pyjama an und legt sich zu ihnen, kuschelt sich an seine Mutter, um sich zu wärmen, und schläft ein, während er von den Geschichten des Nikolaus träumt.

---

joyeusement freudig

Stufe 15

Kurzgeschichten Niveau 5

Histoire 11

La Feria d'Arles

Mon mari gare la voiture et je regarde nos enfants en leur disant « nous sommes là ! »

Mon fils Mason **hurle** d'excitation tandis que ma fille adolescente, Emma, grogne « Je **n'arrive pas à croire** que j'ai besoin d'écrire un essai sur la tauromachie, c'est contre ma morale ! », dit-elle pour la centième fois.

« Écoutez, je sais que ce festival peut être considéré comme quelque chose de sombre, mais il a aussi une riche histoire pleine de tourisme, de musique et de vêtements colorés, vous verrez », lui dis-je, espérant la faire changer d'avis.

Elle **marmonne quelque chose dans sa barbe** alors qu'elle sort de la voiture mais je l'ignore et sors aussi. Nous nous dirigeons vers l'entrée et donnons nos billets, avant d'entrer dans l'ancienne arène.

Mon fils tire ma chemise « papa j'ai faim », me dit-il, et je **résiste à** l'envie de faire une **blague** de papa.

« Ne t'inquiète pas », dit mon mari, « nous allons manger quelque chose avant le début du festival », nous descendons le couloir et entrons dans l'arène principale où il y a déjà des milliers de personnes qui parlent en prévision. Nous avons pris nos sièges et après nous être installés, je me suis porté volontaire pour emmener les enfants manger pendant que mon mari gardait nos sièges.

Nous sortons à nouveau de l'arène en écoutant toute la musique française et espagnole qui joue dans les rues. Il y a des groupes jouant de la trompette, du saxophone et de la batterie, ainsi que des artistes célibataires jouant de la guitare et chantant dans la rue.

Les décorations de Pâques sont partout et nous nous arrêtons pour acheter de la nourriture de rue dans un petit restaurant local. On le prend pour partir et au retour on s'arrête pour écouter de la musique, alors j'offre de la monnaie à mon fils ainsi qu'à ma fille à donner aux musiciens.

---

hurler	schreien
n'arriver pas à croire	nicht glauben können

Die Stierkämpfe

Mein Mann parkt gerade unser Auto, während ich unsere Kinder anschaue und sage: "Wir sind da!".

Mein Sohn Mason ***schreit*** *vor Aufregung, während meine Teenager-Tochter Emma knurrt "Ich* ***kann nicht glauben****, dass ich einen Aufsatz über den Stierkampf schreiben muss, das ist gegen meine Moral!", sagt sie zum hundertsten Mal.*

"Hört zu, ich weiß, dass dieses Festival als etwas Dunkles angesehen werden kann, aber es hat auch eine reiche Geschichte voller Tourismus, Musik und bunter Kleidung, Ihr werdet sehen", sagte ich in der Hoffnung, ihre Meinung zu ändern.

Sie ***murmelt etwas vor sich*** *hin, als sie aus dem Auto steigt, ich ignoriere sie jedoch und steige ebenfalls aus. Wir gehen zum Eingang und geben unsere Eintrittskarten ab, bevor wir die alte Arena betreten.*

Mein Sohn zieht an meinem Hemd "Papa ich habe Hunger", sagt er zu mir, ich ***widerstehe*** *dem Drang, einen Papa-****Witz*** *zu machen.*

"Mach dir keine Sorgen", sagt mein Mann, "wir werden etwas essen, bevor das Festival beginnt", wir gehen den Gang hinunter und betreten die Hauptarena, in der sich bereits Tausende von Menschen befinden. Wir nahmen unsere Plätze ein. Nachdem wir uns eingerichtet hatten, meldete ich mich freiwillig, um mit den Kindern Essen zu besorgen, während mein Mann unsere Plätze bewachte.[103]

Während wir die Arena wieder verlassen, hören wir die französische und spanische Musik, die auf den Straßen gespielt wird. Es gibt Bands die Trompete, Saxofon und Schlagzeug spielen, sowie alleinstehende Künstler, die auf der Straße Gitarre spielen und singen.

Überall sind Osterdekorationen zu sehen. Wir halten an, um in einem kleinen lokalen Restaurant „Streetfood" zum Mitnehmen kaufen. Auf dem Rückweg halten wir an, um die Musik zu hören, also biete ich meinem Sohn sowie meiner Tochter Kleingeld an, das sie den Musikern geben sollen.

---

marmonner quelque chose dans sa barbe	etw. vor sich hinmurmeln
résister à	widerstehen
blague	Witz

« Ce n'est pas bien. Je ne peux pas croire qu'ils ont construit une arène juste pour tuer des taureaux. » Emma se plaint, et je saute sur l'occasion pour raconter à ma fille la riche histoire.

« En fait, l'amphithéâtre d'Arles est une arène de 1ère catégorie qui a été construite ici à Arles, France, il y a longtemps par les Romains, je pense vers le premier siècle avant JC. C'est l'un des sites les plus impressionnants de la ville et cela aide beaucoup notre tourisme et notre économie. »

Curieuse, ma fille demande courtoisement « Est-ce qu'ils ont toujours fait de la corrida là-dedans ? »

« Je ne suis pas sûr », j'admets, « je sais qu'à un moment c'est devenu un abri et qu'il y avait plus de deux cents maisons construites là-dedans, où les gens vivraient entourés de murs. Elle avait tout ce qu'une vraie ville avait, avec une place publique et même deux églises ! »

Mon fils se joint à la conversation « combien de temps vivent-ils là-dedans ? »

« Je ne suis pas sûr », j'admets encore, gêné par mon manque de connaissances « finalement les maisons ont été enlevées dans les années 1800 et l'espace a été rouvert à nouveau comme une arène. C'est en fait l'un des sites du patrimoine mondial de l'UNESCO de la ville, ce qui signifie qu'il est protégé par le gouvernement car il a une histoire si riche. »

Nous revenons et s'installons dans nos sièges juste à temps pour regarder le début du spectacle. Des hommes et des femmes en tenue traditionnelle commencent à défiler autour de l'arène suivis de chevaux au trot élégamment. Enfin les toreros émergent revêtus de différentes tenues, certaines jaunes et violettes, d'autres vertes, bleues ou roses recouvertes de motifs dorés ou argentés.

Mon fils est fasciné par la scène colorée et halète de plaisir, tandis que ma fille s'affale sur son siège. Je lui dis de s'asseoir plus droite et je lui demande ce qui ne va pas.

„Das ist nicht richtig. Ich kann nicht glauben, dass sie eine Arena gebaut haben, nur um Stiere zu töten." Emma beschwert sich, also ergreife ich die Gelegenheit, meiner Tochter die alte Geschichte zu erzählen.

"Eigentlich ist das Amphitheater von Arles eine Arena der ersten Kategorie, die hier in Arles, Frankreich, vor langer Zeit von den Römern gebaut wurde, ich glaube, etwa im ersten Jahrhundert vor Christus. Sie ist eine der beeindruckendsten Sehenswürdigkeiten der Stadt, denn sie hilft unserem Tourismus und unserer Wirtschaft sehr."

Neugierig fragt meine Tochter: "Haben sie da drin schon immer Stierkämpfe veranstaltet?"

"Ich bin mir nicht sicher", gebe ich zu, "ich weiß, dass es irgendwann zu einem Schutzraum wurde und dass dort über zweihundert Häuser hineingebaut wurden, in denen die Menschen umgeben von Mauern leben würden. Sie hatte alles, was eine richtige Stadt hatte, mit einem öffentlichen Platz und sogar zwei Kirchen!".

Mein Sohn beteiligt sich an dem Gespräch "Wie lange lebten sie da drin?".

"Ich bin mir nicht sicher", gebe ich noch zu, beschämt über mein mangelndes Wissen "schließlich wurden die Häuser in den 1800er Jahren entfernt und der Platz wurde wieder als Arena eröffnet. Es ist eigentlich eine der UNESCO-Weltkulturerben der Stadt, was bedeutet, dass sie von der Regierung geschützt wird, weil sie eine so reiche Geschichte hat".

Wir kehren zurück und setzen uns gerade rechtzeitig in unsere Sitze, um den Beginn der Show zu beobachten. Männer und Frauen in traditioneller Kleidung beginnen, um die Arena herum zu marschieren, gefolgt von elegant trabenden Pferden. Schließlich tauchen die Toreros auf, die in verschiedene Gewänder gekleidet sind, einige in Gelb und Violett, andere in Grün, Blau oder Rosa, mit goldenen oder silbernen Mustern bedeckt.

Mein Sohn ist von der farbenfrohen Szene fasziniert und keucht vor Vergnügen, während meine Tochter sich auf ihren Sitz sinken lässt. Ich sage ihr, sie solle sich aufrechter hinsetzen, und frage sie, was los sei.

« Je déteste devoir les regarder épuiser les taureaux juste pour le plaisir et le divertissement », dit Emma.

« J'avoue que c'est assez barbare, mais quand nous rentrerons à la maison, jetons un coup d'œil en ligne sur l'histoire de la tauromachie pour en apprendre plus ensemble, d'accord ? » J'essaye de la faire se sentir mieux.

Elle s'assoit plus droite et accepte et pendant que nous regardons l'événement, je remarque qu'elle prend des notes pour sa dissertation scolaire.

Pendant la pause, elle m'a posé d'autres questions.

« Est-ce que cela n'arrive qu'une fois par an ? »

« Non, cela se produit deux fois par an, une fois pendant la feria de Pâques entre le 10 avril et le 13 avril, et une autre le 12 et 13 septembre appelée la « Feria du riz. » »

« Ce qui est génial aussi c'est que chaque année, environ une semaine avant, ils ont **mis en place** L'espace toro où l'on peut voir une présentation sur la tauromachie donnée par l'école Taurine, et on peut voir tous les taureaux qui seront utilisés lors de la corrida. Je me souviens d'être allé avec mon école quand j'avais à peu près ton âge, et c'était très instructif », ajoute mon mari « nous l'avons malheureusement raté cette année, mais nous pouvons toujours passer à la suivante. »

« Vous voulez y aller l'année prochaine ? » Je demande aux enfants, et alors que mon fils est déjà excité pour le futur événement, ma fille ne semble pas trop intéressée.

« Je ne suis venu ici que pour mon essai, donc je ne pense pas que je reviendrai. »

« Nous n'avons pas besoin d'aller voir la corrida, nous pouvons toujours participer à toutes les autres festivités » lui dis-je, « nous allons probablement toujours à Mason, mais si tu changes d'avis, tu es libre de nous rejoindre ! »

« Alors, c'est fini ? Pouvons-nous rentrer à la maison ? », demande Emma.

« Non, il y a deux corridas par jour, la deuxième va bientôt commencer », dit son autre père.

Nous regardons la deuxième corrida, le torero dansant autour de l'arène dans une belle danse.

---

mettre en place einrichten

"Ich hasse es, zusehen zu müssen, wie sie die Stiere erschöpfen, nur weil es Spaß macht und zur Unterhaltung dient", sagt Emma.

"Ich muss zugeben, dass es ziemlich barbarisch ist, aber wenn wir nach Hause kommen, sollten wir uns online die Geschichte des Stierkampfs anschauen und gemeinsam mehr darüber lernen, okay?" Ich versuche alles, damit sie sich besser fühlt.

Sie richtet sich auf und stimmt zu. Während wir uns die Veranstaltung ansehen, bemerke ich, dass sie sich Notizen für ihren Schulaufsatz macht.

In der Pause stellt sie mir weitere Fragen.

"Passiert das nur einmal im Jahr?"

"Nein, es passiert zweimal im Jahr, einmal während der Osterferia zwischen dem 10. April und dem 13. April und ein weiteres Mal am 12. und 13. September, die sogenannte Reis-Feria."

"Was auch großartig ist, ist, dass sie jedes Jahr etwa eine Woche vorher den „Espace toro" **eingerichtet** *haben, wo man eine Präsentation über den Stierkampf von der Stierkampfschule sehen kann und alle Stiere, die beim Stierkampf vorkommen werden, sehen kann. Ich erinnere mich, dass ich mit meiner Schule hingegangen bin, als ich ungefähr in deinem Alter war, und es war sehr informativ", fügt mein Mann hinzu. "Wir haben es dieses Jahr leider verpasst, aber wir können immer noch im nächsten Jahr gehen."*

"Wollt ihr nächstes Jahr mitgehen?" frage ich die Kinder. Während mein Sohn schon ganz aufgeregt ist wegen der bevorstehenden Veranstaltung, scheint meine Tochter nicht allzu interessiert zu sein.

"Ich war nur für meine Probefahrt hier, also denke ich nicht, dass ich wiederkommen werde."

"Wir müssen uns den Stierkampf nicht ansehen, wir können immer noch an allen anderen Feierlichkeiten teilnehmen", sage ich ihr. "Wir gehen wahrscheinlich immer noch wegen Mason, aber wenn du deine Meinung änderst, steht es dir frei, dich uns anzuschließen!"

"Also, ist es vorbei? Können wir jetzt nach Hause gehen?", fragt Emma.

"Nein, es gibt zwei Stierkämpfe am Tag, der zweite fängt gleich an", sagt ihr Vater.

Wir sehen uns den zweiten Stierkampf an, bei dem der Torero in einem schönen Tanz um die Arena herumtanzt.

Emma quitte l'arène avant la fin du combat, incapable de regarder la frappe finale.

Une fois le combat terminé, nous sortons et la rattrapons avant de nous arrêter à nouveau dans un kiosque de rue pour commander une délicieuse paella. Pendant notre repas, nous aidons Emma à structurer son essai, et je suis heureux de la voir investie dans le sujet. Mason est bien sûr toujours extrêmement excité par le festival, et ne peut **s'empêcher d'en** parler et à quel point il est excité de revenir.

Une fois que nous avons terminé, nous retournons à la voiture et rentrons chez nous après le trafic de l'après-midi.

Je demande à Emma ce qu'elle pense d'aujourd'hui et elle convient qu'il y a bien plus dans la feria que la tauromachie, pensant quand même que c'est l'objectif principal pendant le festival. Elle se sent toujours mal que les taureaux aient dû mourir, alors je lui promets que nous pouvons envisager différentes façons de la faire se sentir mieux.

Quelques jours plus tard, Emma était fière de rentrer à la maison et de nous montrer son B- sur son essai, et ensemble nous nous sommes renseignés sur le bénévolat dans les fermes de sauvetage d'animaux.

---

s'empêcher d'en... aufhören zu

Emma verlässt die Arena vor Ende des Kampfes, da sie nicht in der Lage ist, den finalen Schlag zu beobachten.

Nachdem der Kampf vorbei ist, gehen wir nach draußen und holen sie ein, bevor wir erneut an einem Straßenkiosk Halt machen, um eine leckere Paella zu bestellen. Während unseres Essens helfen wir Emma dabei, ihren Aufsatz zu strukturieren, und ich freue mich, dass sie so viel in das Thema investiert. Mason ist immer noch begeistert von dem Festival und kann nicht ***aufhören****, darüber* ***zu*** *reden, wie sehr er sich darauf freut, wiederzukommen.*

Nachdem wir fertig sind, gehen wir zum Auto zurück und fahren nach dem Nachmittagsverkehr nach Hause.

Ich frage Emma, was sie über den heutigen Tag denkt. Sie stimmt zu, dass es bei der Feria viel mehr gibt als Stierkampf, wobei sie trotzdem glaubt, dass dies die Hauptattraktion während des Festivals ist. Sie fühlt sich immer noch schlecht, dass die Stiere sterben mussten, also verspreche ich ihr, dass wir verschiedene Möglichkeiten in Betracht ziehen können, damit sie sich besser fühlt.

Ein paar Tage später kam Emma stolz nach Hause und zeigte uns ihre Zwei minus über ihren Aufsatz, und gemeinsam erkundigten wir uns nach der Freiwilligenarbeit auf Tierrettungsfarmen.

Histoire 12

Un spectacle indélébile

« Agnes ? » Elle essaie.

« J'adore. David ? » Je contre.

« Peut-être. Noémie ? » Ma femme me demande, et je **n'ai même pas à y penser** « j'adore, mets-le sur la liste ! »

Sa tête roule de côté sur son épaule pour me regarder, me faisant un sourire paresseux alors que nous marchons dans les rues de Paris.

« Je sais que tu es responsable des noms de garçon, mais j'ai un autre que j'aime bien ? »

Je copie son sourire, « Vas-y. »

« Je regardais un bulletin de nouvelles pour la fête nationale de bastille d'aujourd'hui, et ils ont mentionné quelqu'un avec le nom Benjamin, qu'en penses-tu ? »

« J'adore !" » Je répète encore, et elle rigole « tu ne peux pas accepter tous les noms que je propose, nous faisons une liste ! »

« Minou, notre enfant pourrait s'appeler chupacabra **pour tout ce que je me fous**, ça ne changerait pas le fait que ce serait le bébé le plus mignon du monde ! » Elle sourit, avant de haleter de plaisir et regarde derrière moi, je me tourne pour voir une vitrine de magasin d'animaux avec des dizaines de poissons colorés en vente.

Elle lâche ma main pour coller son visage à la fenêtre, fascinée par les jolies couleurs.

Elle se retourne vers moi « peut-être que ça serait une bonne idée si d'abord on achetait un poisson ? » Elle me demande « tu sais, pour nous aider à pratiquer ? »

Je la rejoins à la fenêtre « un poisson n'est rien comparé à un bébé », je ris, « ne t'inquiète pas ce ne sera pas trop dur si nous-y **faisons face ensemble** »

Nous nous tenons à nouveau la main et continuons à marcher dans la rue en regardant les décorations pour la fête nationale. Des banderoles bordent les rues et les gens se rassemblent pour les bals.

---

n'ai même pas à y penser	nicht einmal darüber nachdenken müssen
pour tout ce que je me fous	bei allem, was mir wichtig ist

Ein waschechtes Spektakel

"Agnes?" fragt sie.

"Gefällt mir. David?" antworte ich.

"Vielleicht. Noémie?" fragt meine Frau mich und ich ***muss nicht einmal darüber nachdenken*** *"Ja, der gefällt mir auch, schreib ihn auf die Liste!".*

Ihr Kopf rollt seitlich über ihre Schulter, um mich anzusehen, und schenkt mir ein leichtes Lächeln, während wir durch die Straßen von Paris laufen.

"Ich weiß, dass du für Jungennamen zuständig bist, aber ich habe noch einen, den ich mag?"

Ich lächle ebenfalls: "Na los."

"Ich habe mir eine Nachrichtensendung für den heutigen Nationalfeiertag in Bastille angesehen, wo sie jemanden mit dem Namen Benjamin erwähnt haben, was hältst du davon?"

"Ich liebe es!" Ich wiederhole den Namen und sie lacht: "Du kannst nicht alle Namen akzeptieren, die ich vorschlage, wir müssen eine Liste erstellen!"

"Schatz, unser Kind könnte ***bei allem, was mir wichtig ist****, auch Chupacabra heißen, das würde nichts daran ändern, dass es das süßeste Baby der Welt wäre!" Sie lächelt, bevor sie vor Freude nach Luft schnappt und hinter mich schaut. Ich drehe mich um und sehe das Schaufenster eines Tiergeschäfts, in dem Dutzende bunter Fische zum Verkauf stehen.*

Sie lässt meine Hand los und hält ihr Gesicht an das Fenster, fasziniert von den hübschen Farben.

Sie dreht sich zu mir um. "Vielleicht wäre es eine gute Idee, wenn wir zuerst einen Fisch kaufen?" Sie fragt mich: "Weißt du, um uns beim Üben zu helfen?"

Ich stelle mich zu ihr ans Fenster. "Ein Fisch ist nichts im Vergleich zu einem Baby", lache ich, "Keine Sorge, es wird nicht so schwer sein, wenn wir es ***gemeinsam angehen****".*

Wir halten uns wieder an den Händen und gehen weiter die Straße entlang, während wir uns die Dekorationen für den Nationalfeiertag anschauen. Die dekorierten Straßen sind voll, denn die Menschen versammeln sich für das Fest.

---

faire face ensemble gemeinsam angehen

« Le 14 juillet est juste le jour parfait », soupire-t-elle, « un temps parfait et le moment idéal pour se marier », elle lève la main et regarde sa bague de fiançailles avec un gros sourire.

« Je suis content que ça te plaise. Pense-y, dans un an, nous aurons notre fils, ou notre fille, nous serons mariés, posséderont une maison. Wow... » Je souris « je n'aurais jamais pensé que ma vie aurait pu être aussi parfaite. »

Une odeur sucrée envahit mes narines alors que je finis, et ma femme excitée, sentant aussi l'arôme, m'entraîne dans une boulangerie.

Le boulanger nous accueille avec enthousiasme et nous lit ses spécialités du jour. Après en avoir acheté une demi-douzaine, nous sortons du magasin et continuons notre chemin dans la rue en grignotant nos beignets.

Nous sommes déraillés alors que nous nous arrêtons pour regarder le défilé militaire, en regardant les soldats dans leurs uniformes majestueux.

« Woah ! Ils ont l'air si royaux dans leurs uniformes », dit ma femme « mais s'il te plaît ne deviens jamais un soldat, je ne pense pas que je puisse supporter d'être séparé de toi aussi longtemps. »

Je ris "Je suis un **intello** de la technologie, alors tu n'as pas besoin de t'inquiéter à ce sujet. »

Nous regardons avec émerveillement les jets alpha libérer la fumée bleue, blanche et rouge créant une mosaïque de nuages du drapeau français dans le ciel.

Je sors mon téléphone pour prendre une photo de la belle scène et je vois l'heure.

« Oh non ! Nous allons être en retard pour le spectacle, nous devons partir maintenant ! » Je lui dis, et nous descendons rapidement la rue jusqu'au bâtiment où se déroule le spectacle.

La préposée nous jette un **regard noir** mais nous laisse passer sans problème « Prenez le couloir à votre gauche et ce sera la première porte que vous verrez », nous appelle-t-elle.

« Ce sera tellement sympa ! » ma femme peut à peine contenir son excitation, sautant pratiquement sur ses pieds.

Essayant de ne pas faire de bruit, nous poussons lentement les grandes portes ouvertes dans la pièce sombre où le spectacle a déjà commencé, mais malheureusement il fait un fort craquement, dérangeant certaines personnes à proximité.

---

intello Nerd

"Der 14. Juli ist einfach der perfekte Tag", sagt sie, "perfektes Wetter und der perfekte Zeitpunkt zum Heiraten", sie hebt die Hand und schaut mit einem breiten Grinsen auf ihren Verlobungsring.

"Ich bin froh, dass er dir gefällt. Stell dir vor, in einem Jahr haben wir unseren Sohn oder unsere Tochter, wir sind verheiratet, besitzen ein Haus. Wow...", ich lächle, "Ich hätte nie gedacht, dass mein Leben so perfekt sein könnte".

Ein süßer Geruch dringt plötzlich in meine Nase, während meine aufgeregte Frau, die das Aroma ebenfalls riecht, mich in eine Bäckerei führt.

Der Bäcker empfängt uns begeistert und liest uns die Spezialitäten des Tages vor. Nachdem wir ein halbes Dutzend Krapfen gekauft haben, verlassen wir den Laden, setzen unseren Weg auf der Straße fort, und knabbern an unseren Krapfen.

Wir halten an, um uns die Militärparade anzuschauen und die Soldaten in ihren majestätischen Uniformen zu betrachten.

"Wow! Sie sehen so königlich aus in ihren Uniformen", sagt meine Frau "aber bitte werde nie ein Soldat, ich glaube nicht, dass ich es ertragen könnte, so lange von dir getrennt zu sein."

*Ich lache "Ich bin ein Technik-**Nerd**, also brauchst du dir darüber keine Gedanken zu machen".*

Wir sehen staunend zu, wie die Alpha-Jets den blauen, weißen und roten Rauch freisetzen und ein Wolkenmosaik der französischen Flagge am Himmel erzeugen.

Ich zücke mein Handy, um ein Foto von der schönen Szene zu machen, und sehe, wie spät es ist.

"Oh nein! Wir werden zu spät zur Show kommen, wir müssen jetzt los!" sage ich und wir gehen schnell die Straße hinunter zu dem Gebäude, in dem die Show stattfindet.

*Die Angestellte wirft uns einen **finsteren Blick** zu, lässt uns aber problemlos eintreten. "Nehmen Sie den Gang zu Ihrer Linken und dann die erste Tür, die Sie sehen", ruft sie uns zu.*

"Das wird soooo schön!" Meine Frau kann ihre Aufregung kaum zurückhalten und hüpft vor Freude.

Wir versuchen, möglichst leise zu sein, und schieben langsam die großen offenen Türen in den dunklen Raum, in dem die Show bereits begonnen hat, aber leider knackt es laut, was einige Leute in der Nähe bemerkten.

---

regard noir finsterer Blick

Nous descendons les escaliers en chuchotant « désolé, désolé » alors que les gens étaient dérangés. Nous nous arrêtons au milieu des escaliers « nos sièges étaient 67F et 68F, c'est la rangée G, donc c'est encore un peu plus bas » je murmure à ma femme.

Je plisse les yeux pour compter les rangées dans l'obscurité et-

Pendant une seconde, je vois le tissu des sièges se déchiqueter en morceaux avant d'être renversé par une onde de choc, mes yeux aveuglés par un flash- puis j'entends les boums.

Dans un étourdissement, je pense que les feux d'artifice auraient pu exploser trop près du bâtiment, mais je me rends compte qu'ils n'ont pas encore commencé.

Mes oreilles commencent à sonner et je crache les cendres de ma bouche. Je suis allongé sur le sol, les pensées se bousculent dans ma tête — *lève-toi, lève-toi, où est ma femme* — mais mon corps ne répond pas. Je reste là avec les yeux grands ouverts et je vois d'autres personnes trébucher, s'agenouiller, ramper, la bouche grande ouverte mais je ne les entends pas crier.

Des nuages de fumée et de cendres remplissent la pièce, il est difficile de voir, et mon corps tout entier semble vibrer de choc alors que je tourne ma tête pour chercher ma femme. Elle est **agenouillée** quelques mètres à côté de moi dans une position légèrement droite, ses yeux grands ouverts sous le choc, avec du sang couvrant la moitié de son visage. Elle se balançant légèrement d'avant en arrière au-dessus d'un morceau de tissu.

Je lui tends la main mais elle ne réagit pas.

J'ouvre la bouche pour sortir le son de son nom, je pense, car je n'entends pas le son de ma propre voix. Je tends pour sa cheville, la grattant avec le bout de mes ongles et elle réagit soudainement, se tournant pour me regarder avec le même regard sur son visage. Je répète son nom, et cette fois je l'entends un peu mieux, mais c'est comme si elle regardait à travers moi, derrière moi.

Ne regarde pas, j'ai envie de dire mais je murmure de façon incohérente. *Je dois me lever, nous devons partir, nous devons sortir-* les pensées traversent la tête mais mon corps ne réagit toujours pas.

Les larmes laissent des chemins clairs sur le visage sombre de ma femme et ses yeux se concentrent enfin sur moi. Elle pose ses mains tremblantes sur ma poitrine « c'est bon, c'est bon, tu vas bien », elle respire profondément, le sang de son front **dégoulinant** sur ma joue.

---

agenouillée kniend

Wir gehen die Treppe hinunter und flüstern "Entschuldigung, Entschuldigung", während einige Leute sich deutlich gestört fühlen. Wir bleiben in der Mitte der Treppe stehen "Unsere Plätze waren 67F und 68F, das ist Reihe G, also ist es noch ein bisschen weiter unten", flüstere ich meiner Frau zu.

Ich kneife die Augen zusammen, um die Reihen in der Dunkelheit zu zählen und-...

Für eine Sekunde sehe ich, wie der Stoff der Sitze in Stücke gerissen wird, bevor eine Druckwelle sie umwirft, meine Augen von einem Blitzlicht geblendet werden - dann höre ich einen Knall.

In aller Benommenheit denke ich, dass das Feuerwerk zu nahe am Gebäude explodiert sei, doch ich stelle fest, dass es noch gar nicht begonnen hat.

In meinen Ohren höre ich ein Klingeln, ich spucke Asche aus meinem Mund. Ich liege auf dem Boden, die Gedanken rasen durch meinen Kopf - aufstehen, aufstehen, wo ist meine Frau -, aber mein Körper reagiert nicht. Ich stehe da, mit weit aufgerissenen Augen und sehe andere Menschen stolpern, knien, kriechen, aber ich höre ihre Stimme nicht schreien.

Rauch- und Aschewolken füllen den Raum, es ist schwer etwas zu sehen. Mein ganzer Körper scheint vor Schock zu vibrieren, als ich meinen Kopf drehe, um nach meiner Frau zu suchen. Sie ***kniet*** *ein paar Meter neben mir in einer leicht aufrechten Position, ihre Augen sind vor Schock weit aufgerissen und Blut bedeckt ihr halbes Gesicht. Sie schaukelt leicht vor und zurück über einem Stück Stoff.*

Ich strecke meine Hand nach ihr aus, doch sie reagiert nicht.

Ich öffne meinen Mund, um den Klang ihres Namens hervorzubringen, denke ich, denn ich kann den Klang meiner eigenen Stimme nicht hören. Ich strecke meine Hand in Richtung ihres Knöchels, kratze sie leicht, bis sie plötzlich reagiert, sich umdreht und mich ansieht. Ich wiederhole ihren Namen, diesmal höre ich sie etwas besser, aber es ist, als würde sie durch mich hindurch, hinter mich schauen.

Nicht hinsehen, will ich sagen, aber ich flüstere unzusammenhängend. Ich muss aufstehen, wir müssen gehen, wir müssen raus- die Gedanken schießen durch den Kopf, aber mein Körper reagiert immer noch nicht.

Die Tränen hinterlassen helle Pfade auf dem dunklen Gesicht meiner Frau und ihre Augen konzentrieren sich endlich auf mich. Sie legt ihre zitternden Hände auf meine Brust "Es ist okay, es ist okay, es geht dir gut", sie atmet tief ein und das Blut von ihrer Stirn ***tropft*** *auf meine Wange.*

---

dégouliner tropfen

Mon esprit se demande ce qui a pu causer cela alors que je regarde le plafond détruit, la lumière du soleil filtrant à travers les nuages de cendres. Y a-t-il eu un accident ? Une bombe ?

Je regarde à nouveau ma femme « Peux-tu marcher ? Nous devons partir, nous devons nous lever » ma voix semble tendue et loin de moi mais le soulagement me submerge car je sais que mon ouïe n'est pas complètement partie — *je vais bien, je vais bien* — je me rassure. Je regarde à nouveau ma femme et je répète « nous devons y aller, nous devons nous lever » — mais elle n'arrête pas de se marmonner « non, non, non, non. » Je pousse mes coudes sous moi pour regarder autour de moi, mes narines me démangent à cause de l'odeur de la fumée âcre et j'éternue.

Une secousse de douleur parcourt ma colonne vertébrale et pour la première fois je me rends compte que *tout* me fait mal. Ma femme a toujours ses mains sur ma poitrine, et j'essaye de lutter contre elle pour me lever, mais comme si elle se réveille soudainement, elle me repousse avec une force renouvelée.

« Non, ne bouge pas, tu as probablement de graves blessures internes. »

Son travail d'infirmière d'urgences lui est utile lorsqu'elle passe au pilotage automatique, se concentrant pour éviter le choc. Je la regarde, tremblant de douleur, alors qu'elle tire sur un morceau de métal cassé qui se tord de l'intérieur d'un des sièges et utilise sa veste comme garrot sur ma jambe.

Je commence à haleter à haute voix sous le choc et la douleur alors que l'**engourdissement** s'estompe et elle commence à tourner.

La peur se répand en moi alors que je combats l'idée que je ne m'en sortirai pas, incapable de l'accepter.

À travers des larmes floues, je regarde ma femme et je peux voir qu'elle fait tout ce qu'elle peut pour me sauver. Je cligne des yeux pour chasser mes larmes et la regarde. Son corps semblait blessé, mais pas mortellement blessé.

Je souris, reconnaissant que mon corps a pu protéger le sien des dégâts.

Je tends la main et la tire vers moi, et elle rapproche son visage du mien.

Je place ma main sur le côté de son visage sans sang, et j'essuie ses larmes avec mon pouce.

« J'aime le prénom Benjamin, pour un garçon, et Noémie, si c'est une fille », je siffle.

« Tu seras une merveilleuse maman, même sans moi »

---

engourdissement Taubheit

Mein Verstand fragt sich, was das verursacht haben könnte, während ich auf die zerstörte Decke starre und das Sonnenlicht durch die Aschewolken bricht. Gab es einen Unfall? Oder eine Bombe?

Ich schaue meine Frau wieder an "Kannst du laufen? Wir müssen gehen, wir müssen aufstehen" Meine Stimme klingt angespannt und weit weg von mir, aber die Erleichterung überwältigt mich, weil ich weiß, dass mein Gehör nicht völlig weg ist - mir geht es gut, mir geht es gut - ich beruhige mich. Ich schaue meine Frau wieder an und wiederhole "wir müssen gehen, wir müssen aufstehen" - aber sie murmelt immer wieder "nein, nein, nein, nein". Ich schiebe meine Ellbogen unter mich, um mich umzusehen, meine Nasenlöcher jucken vom Geruch des beißenden Rauchs und ich muss niesen.

Ein schmerzhafter Ruck geht durch meine Wirbelsäule und zum ersten Mal merke ich, dass mir alles weh tut. Meine Frau hat immer noch ihre Hände auf meiner Brust und ich versuche, gegen sie anzukämpfen, um aufzustehen, aber als würde sie plötzlich aufwachen, stößt sie mich mit erneuter Kraft von sich.

"Nein, beweg dich nicht, du hast wahrscheinlich schwere innere Verletzungen".

Ihre Arbeit als Notfallkrankenschwester kommt ihr zugute, als sie auf Autopiloten schaltet und sich darauf konzentriert, einen Schock zu vermeiden. Ich sehe sie vor Schmerzen zitternd an, als sie an einem abgebrochenen Metallstück zieht, das sich aus dem Inneren eines der Sitze biegt, und ihre Jacke als Verband um mein Bein bindet.

Ich beginne vor Schock und Schmerz laut zu keuchen, als das ***Taubheitsgefühl*** *nachlässt und alles sich zu drehen beginnt.*

Angst breitet sich in mir aus, während ich gegen den Gedanken ankämpfe, dass ich es nicht schaffen werde, unfähig, es zu akzeptieren.

Durch verschwommene Tränen hindurch, sehe ich meine Frau an und sehe, dass sie alles tut, um mich zu retten. Ich versuche, meine Tränen wegzublinzeln, und sehe sie an. Ihr Körper schien verletzt, aber nicht tödlich verletzt zu sein.

Ich lächle und erkenne, dass mein Körper ihren Körper vor Schaden bewahren konnte.

Ich strecke meine Hand aus und ziehe sie zu mir heran, woraufhin sie ihr Gesicht näher an meins bringt.

Ich lege meine Hand auf die Seite ihres blutlosen Gesichts und wische mit meinem Daumen ihre Tränen weg.

"Ich mag den Namen Benjamin, wenn es ein Junge wird, und Noémie, wenn es ein Mädchen wird", zische ich.

"Du wirst eine wunderbare Mutter sein, auch ohne mich".

« Non, ne dit pas ça, nous allons nous en sortir », elle me sourit, ses yeux un mélange de tristesse et d'espoir.

Elle **me serre dans ses bras**, et j'entends de loin les sirènes des ambulances et des policiers qui arrivent.

---

serrer dans les bras umarmen

"Nein, sag das nicht, wir werden das schon schaffen", sie lächelt mich an, ihre Augen eine Mischung aus Traurigkeit und Hoffnung.

Sie ***umarmt mich*** *und ich höre schon von weitem die Sirenen der Krankenwagen und der eintreffenden Polizisten.*

Lösungen

Stufe 1

1. 6h15 → Il est six heures et quart (du matin).

14h00 → Il est quatorze heures/Il est deux heures de l'après-midi.

19h50 → Il est huit heures moins dix du soir.

13h05 → Il est une heure cinq de l'après-midi.

15h35 → Il est quatre heures moins vingt-cinq du soir.

12h00 → Il est midi.

2. Freitag, der 1. März 2021 → **samedi, le premier mars deux mille vingt et un**

Freitag, der 8. Juli 2007 → **vendredi, le huit juillet deux mille sept**

Sonntag, der 4. August 1965 → **dimanche, le quatre août mille neuf cent soixante-cinq**

Dienstag, der 23. Dezember 1986 → **mardi, le vingt-trois décembre mille neuf cent quatre-vingt-six**

3. De quelle couleur est le ciel ? **Le ciel est bleu.**
De quelle couleur est la tomate ? **La tomate est rouge.**
De quelle couleur est la banane ? **La banane est jaune.**
Quel est le premier jour de la semaine ? **Le premier jour de la semaine est lundi.**
Quel est le dernier jour de la semaine ? **Le dernier jour de la semaine est dimanche.**
Dans quel mois fête-t-on Noël ? **On fête Noël le 25 décembre.**
Le printemps ... dure du 21 juin au 21 septembre.

4. Winter:	**hiver**
Es ist zwanzig vor sieben:	**Il est sept heures moins vingt.**
Jahreszeit:	**saison**
Nachmittag:	**après-midi**
Schwarz:	**noir**
Neunzig:	**quatre-vingt-dix**
Farbe:	**couleur**
August:	**août**
Herbst:	**automne**
Monat:	**mois**

5.

Z	O	L	Q	U	A	T	O	R	Z	E	T	Z	F	O	H	S	B	L	M
P	I	D	G	M	T	R	G	R	M	N	H	L	V	R	V	M	W	E	L
S	V	E	R	Z	L	E	S	A	M	E	D	I	C	A	Z	Q	R	T	M
Q	I	F	C	O	L	N	V	C	O	H	A	N	Q	T	B	C	A	X	U
B	N	N	Q	O	X	T	I	M	I	Q	S	T	B	H	R	I	C	O	Z
O	G	M	H	U	Y	E	A	G	S	T	W	R	V	E	F	L	Y	V	B
X	T	V	X	N	V	V	X	I	R	L	V	Q	D	T	Z	N	M	A	P
F	H	D	E	C	E	M	B	R	E	T	C	I	A	H	V	Y	H	X	R
Z	U	J	L	T	A	M	O	G	A	C	O	D	O	Z	R	L	T	F	I
S	A	D	I	Y	T	U	Q	J	H	M	X	H	D	L	S	U	R	D	N
C	T	B	L	E	U	O	A	T	M	N	V	T	I	H	E	N	L	M	T
I	B	V	U	G	R	C	G	H	B	Z	T	N	L	G	M	T	S	D	E
D	M	S	N	U	I	T	Y	H	A	T	M	C	Z	U	H	L	V	B	M
Q	H	U	D	D	N	S	X	M	U	D	C	V	R	I	M	V	R	O	P
V	M	N	I	C	M	O	S	A	T	G	G	S	L	O	J	O	U	R	S
A	T	D	W	D	O	B	Z	B	O	L	X	O	Y	H	N	Q	I	F	C
O	R	A	N	G	E	F	H	Q	M	U	O	I	S	B	H	D	M	W	H
U	L	A	D	M	A	R	R	O	N	Y	U	R	O	U	G	E	T	I	G
T	I	X	C	O	L	X	I	R	E	R	T	E	L	M	T	L	R	D	S
S	F	T	L	V	H	T	N	M	W	G	G	E	H	C	Z	O	E	T	E

Stufe 2

1.

Mon avion **décolle** à 15 heures 30.
Le train arrive en **gare**.
Le chauffeur de taxi me demande si je paye en **espèces** ou par **carte bleue**.
Il faut appuyer sur les **pédales** pour faire avancer son vélo.
L'agent des **douanes** me demande si j'ai quelque chose à déclarer. (Zoll)
L'hôtesse de l'air me tend un verre d'eau.

2. valise, coffre, capitaine, wagon, bagage, turbulences, destination, ceinture, cabine, conducteur

Stufe 3

1. grille-pain, sèche-cheveux, allume-barbecue, sac de couchage, réception, pension complète

2.

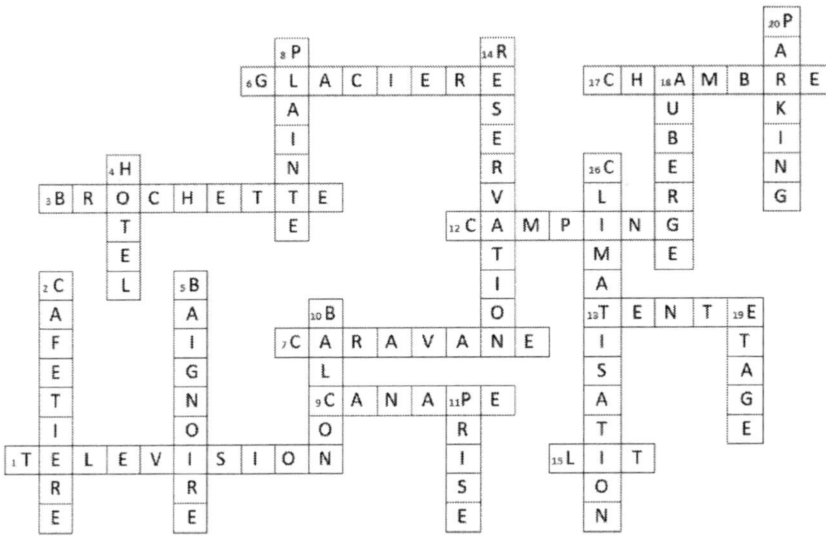

3.

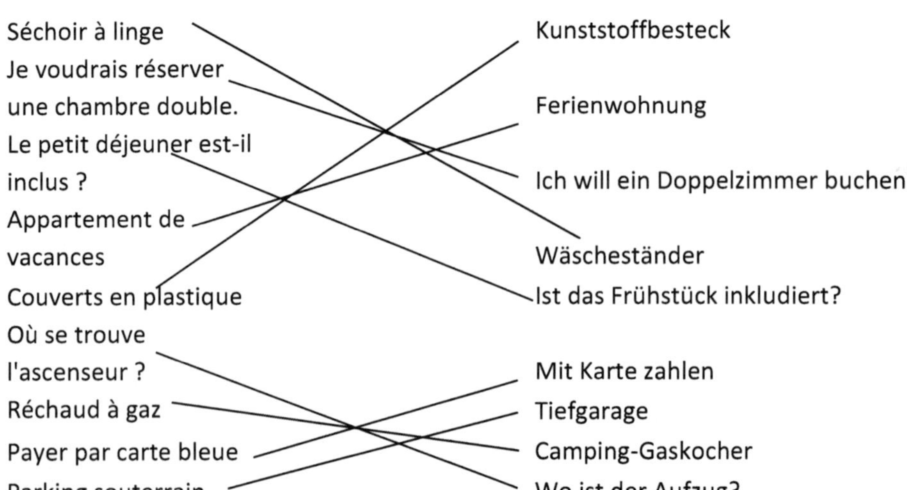

Stufe 4

2.

Radler	la cuillère à café
Putenfleisch	le verre
Lachs	moutarde
Teelöffel	boire
Glas	panaché
Hauptgericht	jus d'orange
Senf	saumon
trinken	le plat principal
Käse	fromage
Orangensaft	viande de dinde

3.

Frankreich: cassoulet, choucroute, tartiflette

Kanada: tourtière, poutine, cretons

Schweiz: fondue, choléra, soupe de chalet

Belgien: carbonade flamande, waterzoï de poulet, chicons à la béchamel

4. pain perdu, bouteille de bière, thon, blanc de poulet, pommes de terre, légumes, carte des boissons

Stufe 5

1. Galerie d'art, Dessinateur, Vestiaire, Guide touristique, Accessible aux fauteuils roulants, Terrain de jeu, Il fait chaud, Lampe frontale, Couteau suisse, Marée haute

2. Mairie, église, tour de l'horloge, entrée gratuite, sculpture, croisière, médicaments, ascenseur, parc aquatique, place, chaussettes, sac de couchage, écran solaire

3.

Je cherche **l'office du tourisme**.

Je suis **perdu**.

Combien coûte le **billet d'entrée** ?

Avez-vous des **guides audio** en **allemand** ?

Nous avons prévu un **itinéraire** de 30 kilomètres.

Stufe 6

1.

P	D	L	A	I	T	C	F	E	G	D	B	U	Y	A	G	C	T	D
A	B	S	L	Z	I	E	O	X	V	N	P	I	M	R	V	Z	Y	I
M	O	M	I	E	L	V	G	C	B	C	G	A	L	F	M	H	O	C
P	N	F	C	O	H	C	N	I	A	P	N	X	P	O	U	L	E	T
L	E	L	R	U	E	D	Y	R	F	D	I	C	M	U	N	T	R	I
E	S	O	Y	O	N	R	L	A	E	L	D	E	R	B	V	Y	I	O
M	D	B	H	B	M	B	C	S	H	O	H	I	M	V	I	E	H	N
O	U	D	R	F	S	A	H	X	D	L	T	S	E	Y	A	T	U	N
U	E	Y	H	P	O	U	G	P	P	I	R	Q	H	O	N	G	X	A
S	I	G	B	H	G	X	P	E	O	V	I	Q	F	C	D	H	N	I
S	A	U	C	I	S	S	O	N	R	E	V	M	Y	S	E	E	L	R
E	F	X	D	Q	H	Z	I	U	M	S	X	H	I	B	R	P	R	E
S	S	P	G	N	Q	L	G	B	I	P	F	S	P	H	Q	D	T	M
C	E	Z	U	T	H	O	N	E	Y	C	O	N	C	O	M	B	R	E
T	V	B	N	G	M	U	O	V	H	B	E	S	I	U	R	L	E	B
I	B	M	H	C	B	X	N	D	M	B	E	R	B	H	F	N	X	I
M	A	I	S	P	E	S	S	L	H	O	S	U	E	C	H	R	I	Z
B	H	T	N	V	U	G	M	T	Z	R	N	P	R	D	L	Y	G	O
R	D	L	E	G	U	M	E	S	V	B	L	G	O	R	U	C	F	V
E	C	M	V	H	F	S	D	B	O	U	L	A	N	G	E	R	I	E

2.

Raisin	Birne
Viande hachée	Sauerrahm
Pâtisserie	Vollkornreis
Poire	Schlüsselanhänger
Riz complet	Hackfleisch
Crème aigre	Ingwer
Porte-clés	Konditorei
Gingembre	Trauben

3. Châtaignes, Boîte de conserve, Marché aux puces, Boucherie, Livre / Manuel de langue, Chemisier, Librairie, Cinéma

Stufe 7

3. Les **joueurs** échangent leurs maillots à la fin du match.

Le gardien reste dans les buts pour arrêter le **ballon**.

Il faut mettre son **casque** pour se protéger la tête.

Au golf, il y a 18 **trous**.

Le chanteur monte sur la **scène**.

Tous les **billets** ont été vendus. Le concert est **complet**.

4.

La scène	die Reservierung
La réservation	Sieger
L'attaquant	Lenker
Le vainqueur	Stehbolzen
Le guidon	die Bühne
Les crampons	Stürmer

2.

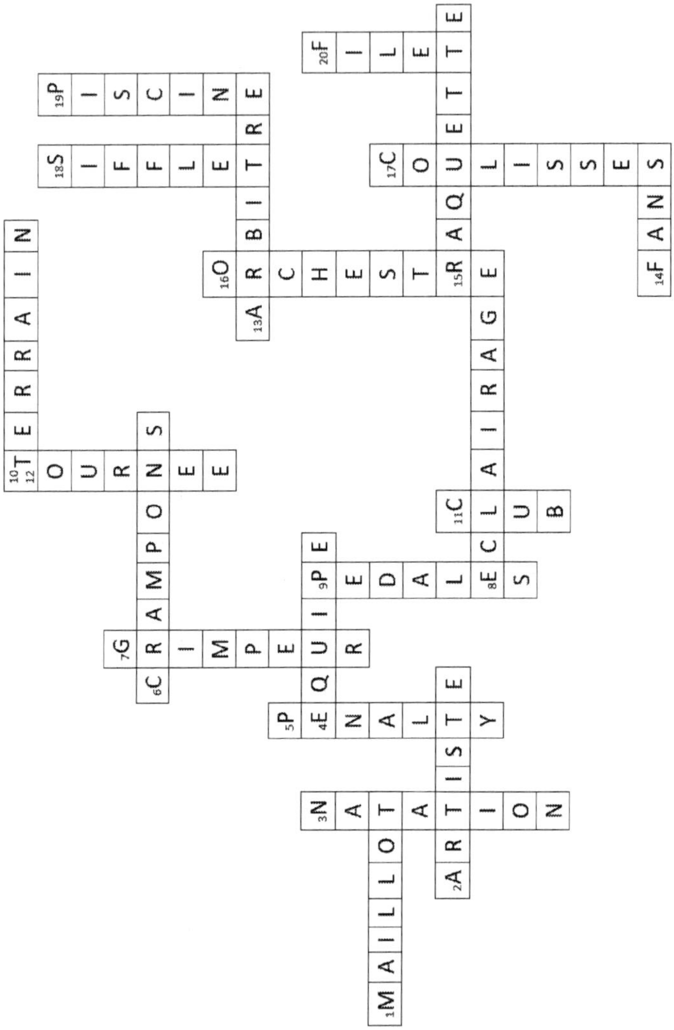

Stufe 8

1. Quelle fête/soirée aura lieu ce soir ?, J'ai envie de danser la salsa, Où est-ce que je peux trouver un pub irlandais/bar pour boire une petite bière ?, On se retrouve à quelle heure ce soir ?, Tu veux que je vienne te prendre ?

2. nicht erwidert, nicht erwidert, erwidert, erwidert

Stufe 9

1. soldes, Il fait mauvais temps, Un distributeur (de billets), les poubelles, donner un bisou, bonne chance, de rien, tenir au courant, Jeter à la poubelle, une chaussette

2. septante, un clignotant, mettre du sent-bon, le dépanneur, la boucane, un GSM, gazer, la lavette, ça spite, un breuvage

3.

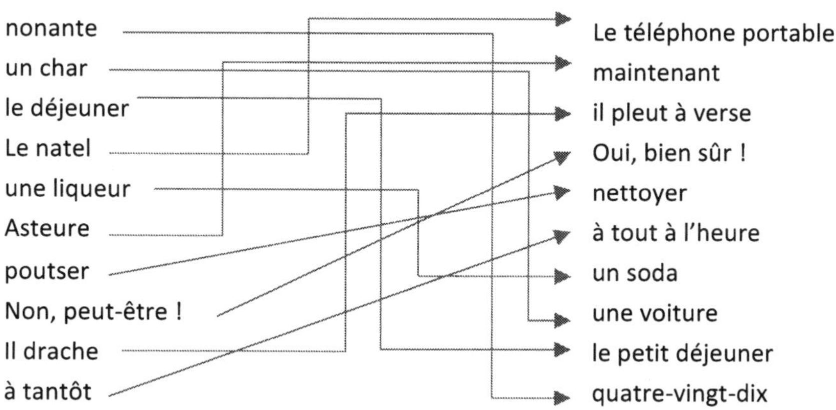

Stufe 10

1. essen, arbeiten, Perfekt!, feiern, Es regnet stark, Kilometer, nicht zögern, einen Pokal in einem Wettbewerb gewinnen, wütend werden, verrückt

2. Aller de bizingue, Hein ?, Tire-toi une bûche, se calmer le pompon, être en rote, au taf

Geschenk für dich

Als Dankeschön dafür, dass du dieses Buch gekauft hast, habe ich hier ein Geschenk für dich bereitgestellt. Es handelt sich um unser Buch *„20 lebensverändernde Gewohnheiten"*.

Dieses E-Book ist der perfekte Begleiter zu deinem Buch. Dort wirst du zahlreiche Tipps finden, mit denen du neue Gewohnheiten entwickeln kannst, sowohl in deinem Alltag als auch beim Sprachenlernen. Diese werden dir bestimmt helfen, dein Leben zu optimieren.

Schon gespannt? Dann gehe ich auf diesen Link und lade deine Kopie herunter!

https://pld-publishing.de/geschenk/

Ich würde mich freuen, wenn du kurz 2 Minuten nimmst, um **eine Rezension auf Amazon zu hinterlassen**, so wie viele andere begeisterte Leser. Das wird uns helfen, immer besser zu werden, um Lesern wie dir den besten Service zu bieten. Einfach den QR-Code scannen oder auf den Link unten gehen. Danke vielmals!

http://www.amazon.de/ryp

Ich hoffe, dass du viel gelernt hast, das würde mich auf jeden Fall erfüllen und weiter motivieren. Ich würde mich freuen, von dir zu hören, deswegen kannst du gerne unsere Webseite oder Facebook-Seite besuchen:

https://pld-publishing.de

https://www.facebook.com/leobabel.books

Printed in Poland
by Amazon Fulfillment
Poland Sp. z o.o., Wrocław

31310306R10141